AF303054

COURIR,
C'EST VIVRE EN LIBERTÉ

Ruddy LE MOUËLLIC

Essai

Édition : BoD · Books on Demand, 31 avenue Saint-Rémy, 57600 Forbach, bod@bod.fr
Impression : Libri Plureos GmbH, Friedensallee 273, 22763 Hamburg (Allemagne)
Illustration : Anthony Vautier

ISBN : 978-2-3225-6935-9
Dépôt légal : Juin 2025

« N'attends pas que les conditions soient parfaites pour commencer, commence et les conditions deviendront parfaites »

Prologue.

Romain n'avait que 19 ans, mais il portait en lui une vitalité qui semblait défier son âge. Depuis qu'il était tout petit, il avait l'impression de courir à travers sa vie comme si l'air même lui appartenait. Il courait le matin, le soir, en tout lieu, en toute circonstance. Les kilomètres s'enchaînaient comme une mélodie familière, un rythme naturel. Il savait que son avenir, celui qu'il imaginait en grande pompe, passait par la course. Le Championnat de France de 5 kilomètres sur route était son prochain objectif. Il s'entraînait sans relâche, son corps devenu machine, son esprit, une flamme qui ne s'éteignait jamais.

Ce soir-là de septembre, la journée semblait se terminer comme tant d'autres. Romain venait de finir son travail dans une cave viticole, un métier exigeant où chaque geste comptait. Depuis l'aube, il avait manipulé des barriques, surveillé la fermentation des cuvées et transvasé les précieux liquides d'un fût à l'autre sous la lumière tamisée des chais. L'odeur du raisin en pleine transformation imprégnait encore ses vêtements, se mêlant à celle du bois et à la poussière sèche qui s'infiltrait partout en cette fin d'été. Lorsqu'il sortit, une chaleur lourde et persistante l'enveloppa aussitôt. Même à cette heure tardive, l'air brûlant du jour n'avait pas totalement cédé sa place.

Il régnait cette tiédeur particulière du Sud, où la terre, chauffée à blanc toute la journée, diffusait encore une douce torpeur.

Autour de lui, les vignes s'étendaient à perte de vue, parfaitement alignées, formant un damier régulier entrecoupé de quelques mas isolés. Plus loin, les champs de blé récemment moissonnés laissaient derrière eux des étendues dorées, nues sous un ciel limpide. Dans le lointain, le chant des cigales s'était tu, remplacé par le crissement diffus des grillons. Pourtant, malgré cette quiétude, Romain n'avait qu'une idée en tête : partir.

Comme chaque soir, il était pressé. La course l'appelait. Son vélo, posé contre un vieux mur de pierres sèches, l'attendait patiemment, prêt à l'emmener loin de cette chaleur stagnante. Il l'enfourcha avec un frisson d'excitation, sentant déjà l'adrénaline monter. Il aimait cette transition, ce moment où il quittait la lourdeur du travail physique pour retrouver la légèreté du mouvement, cette sensation de vitesse et de liberté qu'il recherchait inlassablement.

Les premiers mètres se firent sur un chemin de terre sèche et poudreuse, bordé de vignes et de rares figuiers sauvages dont les feuilles épaisses exhalaient un parfum sucré sous la chaleur résiduelle du jour. La poussière ocre se soulevait sous ses roues, tourbillonnant brièvement avant de retomber mollement sur le sol craquelé. Son souffle se calait instinctivement sur le rythme de ses coups de pédale. Il accéléra légèrement, savourant cette montée en puissance progressive. Devant lui, la route principale se dessinait dans la lumière déclinante, un long ruban d'asphalte rectiligne qui traversait la plaine sans le moindre virage à l'horizon. Une ligne parfaite, imperturbable, où seule la réverbération de la chaleur donnait l'illusion d'un mouvement ondulant à sa surface. C'était ici qu'il pourrait vraiment lâcher prise, trouver son rythme, défier la monotonie du tracé par la cadence de ses jambes. Le vent chaud portait avec lui des effluves de garrigue et de terre cuite par le soleil. Il plissa légèrement les yeux en distinguant, au loin, la silhouette sombre d'un bosquet solitaire bordant la route. Encore quelques coups de pédale. Il était prêt à s'élancer.

Mais ce soir-là tout a basculé en une fraction de seconde.

Un bruit sourd. Un choc foudroyant. L'instant d'avant, Romain filait sur son vélo, concentré sur l'asphalte brûlant devant lui. L'instant d'après, tout bascula. Il n'eut pas le temps de voir venir la voiture, surgie de nulle part, comme un projectile incontrôlable. L'impact fut d'une violence inouïe. Son vélo se brisa sous la force du coup, et son corps fut arraché à la selle, projeté dans les airs dans un chaos de fibres de carbone brisées et d'éclats de verre.

Le temps sembla s'étirer. Un battement de cœur suspendu, où l'air lui-même semblait figé autour de lui. Puis le fracas du pare-brise déchira le silence. Son crâne heurta la vitre avec une puissance effroyable, un bruit sec et glaçant. Le verre explosa sous l'impact, envoyant une pluie d'éclats scintillants dans la lumière dorée du soir. La seule chose qui empêcha l'irréparable fut la coque rigide de son casque, qui encaissa le choc en un craquement sinistre.

Et puis, plus rien. Une ombre l'engloutit, profonde et silencieuse. Son corps, désarticulé par la violence du choc, retomba lourdement avant de s'abandonner à l'inconscience. Dans le fossé, désarticulé, il sembla suspendu dans un autre espace, un espace où les lois de la réalité n'existaient plus. La douleur, la peur, tout cela se dissipa comme un brouillard lointain.

Mais au fond de lui, une pensée persistait, une pensée qui survécut à son évanouissement : J'ai failli ne jamais revoir la lumière.

Quand il se réveilla, il ne savait pas où il était. Ses yeux s'ouvrirent lentement, et la première chose qu'il aperçut fut le ciel, étrangement lointain, comme si tout était flou. Il n'avait pas conscience du temps écoulé, mais il sentit une pression immense sur sa poitrine, comme si son corps ne répondait plus, comme si tout avait cessé d'exister. Lorsqu'il tenta de bouger, une douleur fulgurante traversa sa clavicule. Il comprit alors que quelque chose ne tournait pas rond.

Les secours arrivèrent rapidement. L'ambulance, les sirènes, la frénésie des gestes médicaux. Il se souvint vaguement des voix autour de lui, des mains froides qui le manipulaient avec une douceur inquiétante. "Il est chanceux", entendit-il, mais tout semblait lointain, comme dans un rêve. Son corps était là, mais il n'était plus tout à fait lui-même. Tout ce qu'il ressentait, c'était une lourde fatigue, une sensation de vide, de corps brisé.

Il savait que, quelque part, son rêve s'était effondré, et qu'il n'avait aucune idée de ce qui allait se passer ensuite.

Romain apprit, plus tard, que son casque avait été le seul à lui sauver la vie. Sans lui, il aurait été pulvérisé contre le pare-brise, sans rémission possible. Il se remémorait parfois cet instant, où tout aurait pu s'arrêter, où le monde aurait pu se figer pour toujours. Mais ce n'était pas le cas.

Il était vivant. Et même si la douleur de la fracture à la clavicule était insupportable, même si son corps était une douleur constante, Romain se sentait dans un état paradoxal de gratitude et de désespoir.

Les mois qui suivirent furent un tourbillon d'hôpital, de rééducation, et de doutes. Chaque mouvement devenait une victoire, chaque effort une lutte. Le jeune homme, qui avait toujours eu l'habitude d'être actif, de courir, de se dépasser, se retrouvait maintenant face à une réalité qu'il ne maîtrisait plus. Le temps semblait s'étirer, douloureusement lent, et les blessures profondes qu'il portait dans son corps se répercutaient dans son esprit. Il se posait des questions qu'il n'avait jamais imaginé avoir à se poser : *Est-ce que je serai encore capable de courir comme avant ? Vais-je pouvoir atteindre mon objectif, et performer un jour sur un Championnat de France ?*

Ces questions le hantaient, l'empêchaient de dormir. Les nuits étaient devenues interminables, les journées trop longues. Et puis, un jour, quelque chose en lui changea. Un soir, alors qu'il regardait la fenêtre, il pensa à ce moment précis, celui où il avait failli tout perdre. Il repensa à la voiture qui l'avait percuté, à son corps qui avait été réduit à un amas de douleurs, à la solitude du fossé. Et quelque chose en lui se fit entendre, un cri silencieux, une petite voix intérieure qui lui dit : « Tout n'est pas fini. Tant que je respire, tout est possible ».

Le lendemain, il se leva. La douleur était toujours là, constante, mais quelque chose en lui avait changé. Il enfila ses baskets, la sensation du sol sous ses pieds lui manquait. Peu importait la douleur, peu importait la lenteur de ses premiers pas. Il courrait. Il courait pour se réinventer, pour se retrouver, pour aller au-delà de ses peurs. Chaque foulée devenait une victoire. Chaque goutte de sueur, un témoignage de son retour à la vie. Les premiers kilomètres étaient difficiles. Son corps était un étranger, ses muscles étaient fatigués, son esprit, rempli de doutes.

Mais petit à petit, il recommença à retrouver cette sensation qu'il avait tant aimée. Il se reconnectait à lui-même, pas à pas, avec une force qu'il n'avait jamais soupçonnée.

Peu à peu, le doute fit place à la confiance. Il se remettait à rêver. Rêver de ses courses, rêver de ce Championnat de France, de cette ligne d'arrivée qu'il franchirait. Il n'était plus le jeune homme brisé sur le bord de la route, il était celui qui avait survécu à l'inimaginable, celui qui se reconstruisait au fil des jours, des semaines, des mois.

Le chemin ne serait pas facile, il le savait. Mais il avait pris conscience d'une chose essentielle : tout aurait pu s'arrêter ce soir-là. Mais il était là, vivant, prêt à tout donner. Et tant qu'il respirerait, il n'abandonnerait jamais.

1.

Courir, un retour à l'essentiel.

Courir, c'est renouer avec l'essence même du mouvement, avec cette liberté primitive que l'homme a toujours possédée. Dans un monde saturé d'écrans, de contraintes et d'obligations, la course à pied offre un refuge, une échappatoire vers l'authenticité. Ce premier pas, ce souffle régulier, ce contact brut avec la terre sont un retour à l'essentiel : un corps qui bouge, un esprit qui s'allège, une âme qui respire.

L'essence même du mouvement.

La course à pied, dans sa forme la plus pure, est une expérience brute, sans fard ni artifices. Elle ne se définit pas par la complexité de son matériel ou la sophistication de ses gestes. La simplicité est l'élément central qui caractérise ce sport. Pourtant, derrière cette simplicité apparente se cache une richesse immense, un retour à l'essentiel. Courir n'est pas seulement un moyen de se maintenir en forme, ce n'est pas simplement une activité physique. Courir, c'est renouer avec quelque chose de plus profond, de plus fondamental, quelque chose qui parle directement à notre corps, à notre âme, et à notre esprit. C'est retrouver un lien primal avec notre propre nature.

L'ère moderne, avec ses innovations technologiques et ses conforts artificiels, nous a progressivement éloignés de nos racines. Le monde dans lequel nous vivons nous a habitués à la sédentarité, à l'immobilité. Nous passons des heures devant des écrans, installés confortablement dans des fauteuils ou des bureaux, oubliant peu à peu que notre corps, conçu pour le mouvement, réclame de l'espace et de l'action. La course à pied nous offre un remède à ce déséquilibre. Elle nous rappelle que nous avons été façonnés pour être en mouvement, pour nous exprimer à travers chaque geste, chaque foulée, chaque respiration. Courir est une manière de rétablir l'harmonie entre le corps et l'esprit. C'est un moyen de reconnecter les deux et de redonner à chacun la place qu'il mérite.

La quête du sens à travers le mouvement.

L'un des plus grands paradoxes de notre époque réside dans la contradiction entre le confort matériel et le vide intérieur de beaucoup d'entre nous. Nous vivons dans un environnement où les besoins fondamentaux sont largement satisfaits. Nos maisons sont confortables, la nourriture est abondante, et les loisirs sont multiples et accessibles. Et pourtant, malgré cette prospérité apparente, une grande partie de la population se trouve confrontée à un sentiment de vide, une insatisfaction persistante, une perte de direction. Il n'est pas rare que cette sensation d'ennui, de stress, voire de malaise intérieur, s'immisce dans nos vies. Nous cherchons des réponses, nous nous tournons vers des occupations superficielles : des objets, des divertissements temporaires, des relations souvent marquées par l'éphémère. Ces recherches ne semblent cependant pas combler le vide. En réalité, ce que nous cherchons, au fond de nous, c'est un moyen de nous reconnecter à la vie, de sentir que nous existons véritablement. Nous aspirons à quelque chose de plus profond que le confort matériel, à une sensation d'authenticité, de vérité, une réconciliation avec notre essence.

C'est là que la course à pied entre en scène, offrant bien plus qu'un simple moyen de faire de l'exercice. Courir nous permet de retrouver le sens, de sortir de ce tourbillon de distractions, et de revenir à l'essentiel : à nous-mêmes, à l'instant présent. La course est un acte profondément ancré dans le moment, dans l'ici et maintenant. Il n'y a ni passé ni futur dans la course. Lorsque nous courons, nous sommes absorbés dans l'effort physique, dans le souffle qui se fait de plus en plus profond, dans la régularité des pas, dans le rythme du corps qui se déploie. Tout ce qui compte à ce moment-là, c'est ce que nous faisons à cet instant précis. Ce n'est plus la course contre le temps, ce n'est plus la quête d'un objectif futur ; c'est la conscience de l'instant présent qui devient notre seule réalité. L'attention est complètement focalisée sur le corps et ses sensations, ce qui crée une forme d'éveil, une pleine conscience de notre existence à chaque foulée. C'est une forme de méditation active où tout le reste disparaît : les préoccupations, les attentes, les obligations. Seul compte l'effort, l'intensité du moment. Et à travers cet engagement total dans le mouvement, nous ressentons une profonde satisfaction. Nous retrouvons ce que cela signifie être vivant.

La magie de la course réside dans cette simplicité apparente : courir, c'est se recentrer sur soi-même, sur son corps, sur ce qu'il est capable d'accomplir. C'est une invitation à sortir de la sphère mentale souvent envahie de pensées parasites, pour revenir à un mouvement naturel et fluide. Le corps, dans sa simplicité et dans son effort, retrouve son rythme, sa cadence, et c'est dans cet alignement avec soi-même que la véritable liberté émerge. La liberté de s'exprimer à travers le corps, de s'échapper de toute contrainte extérieure et de simplement être, sans jugement, sans attente, sans objectif autre que celui d'être pleinement dans l'action, de vivre cette expérience du mouvement. À chaque foulée, on revient à l'essence de l'existence, à la sensation pure de se mouvoir, de ressentir la puissance du corps en action.

Ce retour au mouvement authentique est d'autant plus nécessaire aujourd'hui qu'en raison des progrès technologiques et des avancées industrielle, l'activité est devenue rare. Les machines ont pris en charge une grande partie des tâches physiques : il n'est plus nécessaire de marcher longtemps pour aller chercher de l'eau, nous n'avons plus besoin de courir pour chasser, et la technologie a largement automatisé la plupart de nos gestes quotidiens. Ce qui était autrefois une nécessité vitale est désormais devenu une option, un luxe. De ce fait, nous avons oublié l'importance fondamentale du mouvement, ce mouvement primal qui a façonné notre histoire et qui a joué un rôle essentiel dans l'évolution de l'humanité.

La course à pied, dans ce contexte, apparaît comme un retour aux racines. Elle nous invite à renouer avec cette expérience primitive du mouvement, à retrouver la sensation brute de la liberté que nos ancêtres ont dû ressentir chaque fois qu'ils se lançaient dans une course, que ce soit pour chasser, fuir, ou explorer. Courir, aujourd'hui, c'est redécouvrir cette connexion avec notre nature la plus profonde, avec cette puissance de l'individu qui va de l'avant, qui avance par un simple mouvement du corps. La course est donc une forme de libération, mais aussi un retour à une pratique ancienne, intemporelle. Elle nous rappelle ce que cela signifie être pleinement humain : se mouvoir, se connecter au monde à travers l'effort physique.

Cela nous invite également à remettre en question notre relation à la technologie et à la modernité. Alors que nous sommes entourés par des appareils et des machines qui nous facilitent la vie, il peut sembler paradoxal de choisir volontairement comme activité sportive la course, qui sollicite tout le corps et exige de nous une énergie personnelle. Mais c'est justement dans ce défi, dans ce contraste entre le monde moderne et l'effort humain, que se trouve la valeur de la course. Elle nous rappelle que nous ne sommes pas des machines, que notre corps a été conçu pour l'effort, pour le mouvement. Courir, c'est affirmer que l'on est plus que ce que la technologie peut produire ou organiser. C'est dire que la vie ne se résume pas à une existence simplifiée, assistée par des outils, mais qu'elle réside dans notre capacité à agir, à ressentir, à mouvementer dans le monde. C'est cette réaffirmation de notre humanité que la course permet de vivre en conscience.

Ainsi, à travers la pratique de la course, nous renouons avec cette sensation de puissance, de liberté et de plénitude que nous avions peut-être oubliée. La course nous incite à revenir à l'essentiel : le corps en mouvement, la vie à chaque instant, l'éveil à l'instant présent. Elle nous permet de répondre à notre soif de sens en nous rappelant que nous sommes des êtres faits pour l'action, pour la liberté et pour la conquête de notre propre existence.

La course comme un acte de libération.

La course à pied, au-delà de sa simple fonction physique, devient un véritable acte de libération. Dans univers où nous sommes constamment confrontés à des contraintes, des obligations et des pressions extérieures, courir nous offre la possibilité de nous affranchir de tout cela, ne serait-ce que pendant quelques instants. À l'heure où la société de consommation nous incite à accumuler des biens matériels, à chercher constamment la satisfaction à travers l'achat ou l'apparence, courir nous permet de nous éloigner de cette spirale de possessions et de désirs. En réalité, la liberté ne réside pas dans l'accumulation d'objets ou la quête incessante de ce que l'on croit nécessaire, mais dans la possibilité de nous échapper, même brièvement, du tumulte extérieur. Ce moment de fuite, lorsque nous enfilons nos baskets et nous élançons dans un espace qui nous appartient, devient une quête du fondamental, une évasion du superflu.

Chaque foulée, chaque pas que nous posons s'installe comme une résistance silencieuse face à un style de vie qui valorise l'immobilisme et la passivité. Le monde autour de nous semble de plus en plus figé, enfermé dans un rythme quotidien qui nous empêche de savourer chaque instant. La course vient briser cette inertie. Elle est un moyen de sortir de cette routine imposée et de revendiquer un espace personnel, un temps qui nous appartient, un espace où le seul objectif est d'avancer, de respirer, de sentir son corps en mouvement. C'est une forme de rébellion intérieure, où l'on choisit de se libérer des influences extérieures pour se concentrer sur soi-même. La course devient un acte politique intime, une manière de refuser de se laisser engloutir par la passivité ambiante.

Ce besoin de se libérer par la course trouve un écho dans l'individualisme croissant qui caractérise la société moderne. L'individualisme est souvent perçu comme un idéal, comme une émancipation personnelle, mais il engendre paradoxalement une forme d'isolement. Chaque personne devient un univers à part, séparé des autres, chacun dans sa quête d'accomplissement personnel. Toutefois, cette liberté individuelle peut se transformer en aliénation lorsqu'elle est vécue dans un cadre de solitude absolue, dans un isolement où l'on perd de vue la connexion avec les autres et avec le monde. La course, cependant, nous offre une alternative.

Bien qu'elle puisse être pratiquée seul, elle n'est pas une expérience de solitude absolue. Au contraire, elle permet de renouer avec la liberté collective, une forme de liberté partagée, vécue dans un cadre d'ouverture. Lorsque nous courons, nous engageons un dialogue non seulement avec nous-mêmes, mais aussi avec le monde extérieur. La nature, la ville, les paysages qui défilent sous nos pieds deviennent des interlocuteurs dans cette immersion intime. Ce mouvement est à la fois un acte d'indépendance et une communion avec notre environnement, que ce soit la forêt, la plage, les rues urbaines ou les sentiers de montagne. Le corps qui court devient une partie intégrante de ce paysage, fusionnant avec lui, tout en s'affranchissant des lourdeurs du quotidien. À travers ce corps en mouvement, nous nous reconnectons à une forme de liberté primordiale, un sentiment d'unité avec notre environnement et avec la vie elle-même.

Ce contraste entre le cadre souvent figé de nos vies et la dynamique de la course souligne un aspect fondamental de la pratique : elle est avant tout un choix de liberté. L'individualisme dans la société moderne tend à nous enfermer dans des rôles définis, dans des attentes sociales qui nous contraignent à nous conformer. Courir, dans ce contexte, devient un moyen de se libérer de ces étiquettes sociales, de ces rôles imposés. Quand nous courons, il n'y a pas de masques sociaux à porter, pas de règles à suivre autre que celles du corps et du mouvement. Nous pouvons être nous-mêmes, sans artifice, sans obligation. La course nous rend cette autonomie essentielle, cette capacité à choisir librement notre propre chemin, à avancer à notre rythme, à décider de notre direction.

Cependant, cette autonomie acquise dans la course n'est pas une autonomie solipsiste. Elle n'est pas une fuite de la société, mais une affirmation de soi dans un monde souvent dominé par des modèles de consommation de masse et de pressions sociétales. Courir nous permet de nous recentrer sur nous-mêmes, de redécouvrir nos besoins fondamentaux, loin des attentes externes. C'est une manière de revenir à l'essentiel, à ce qui fait que nous sommes vivants, à ce qui nous lie véritablement à notre propre existence. C'est un exercice de pure liberté, un retour à une forme d'existence non aliénée par des considérations matérielles et superficielles.

Mais le sens que nous offre la course n'est pas seulement intime et personnelle. Elle est aussi collective, dans le sens où elle nous lie à tous ceux qui partagent cette même volonté de mouvement. Même si nous courons seuls, nous ne le sommes jamais vraiment. Nous faisons partie d'une communauté de coureurs, un groupe qui transcende les frontières culturelles et de classes. Quand nous courons, nous faisons partie d'un tout, nous partageons une même expérience de liberté. C'est pourquoi courir ne se limite pas à un simple acte physique, c'est aussi une forme de solidarité silencieuse, un langage universel qui nous relie à d'autres coureurs, à d'autres personnes qui cherchent elles aussi à s'affirmer dans leur connexion aux autres.

La course est donc, en dernière analyse, révélatrice de libération. En nous affranchissant des contraintes, des pressions extérieures et des normes imposées, elle nous permet de retrouver une forme de liberté véritable, celle qui naît de la capacité à se mouvoir, à choisir son propre chemin et à se reconnecter à l'essentiel.

Courir, c'est se libérer des chaînes invisibles du quotidien, c'est renouer avec notre pouvoir personnel, notre capacité à choisir, à avancer et à exister pleinement dans le monde. À chaque foulée, nous revendiquons notre indépendance, non seulement par rapport à la société, mais aussi vis-à-vis de nous-mêmes. Courir devient alors une forme de résistance, un moyen de nous redéfinir dans un monde qui cherche souvent à nous confiner.

Réapprendre à écouter son corps.

Il existe dans la course à pied une dimension profondément intime et essentielle : celle de l'écoute de son corps. Cette écoute, loin d'être une démarche superficielle, est au cœur même de la pratique de la course à pied. Dans un monde où l'hyper connectivité et la constante sollicitation des informations dominent notre quotidien, il devient de plus en plus difficile de se reconnecter à soi-même. Nous sommes perpétuellement dans l'action, souvent happés par nos obligations, nos préoccupations, nos objectifs à atteindre. Nous ne nous arrêtons pas assez pour écouter ce que notre corps nous dit. Nous ignorons les signaux qu'il nous envoie, préférant repousser ses besoins au profit de ce que la société ou la vie moderne nous impose. Nous errons souvent entre les exigences de la vie professionnelle, les attentes multiples, et une avalanche continue de sollicitations extérieures. Nous continuons à avancer, à courir après des objectifs qui nous échappent, tout en ignorant les besoins réels de notre propre corps. Nos rythmes sont dictés par les horaires, par les obligations, par une routine qui nous pousse toujours plus loin dans la suractivité.

La course à pied, pourtant, offre une occasion unique de revenir à l'essentiel, de renouer avec cette écoute du corps que nous avons perdue. Lorsque nous courons le temps se dissipe et seul l'instant présent compte véritablement, cette réalité immédiate est tangible, marqueur de notre corps en mouvement. Il n'y a pas de futur ou de passé lorsque nous courons, il n'y a que l'ici et maintenant, cette réalité immédiate et tangible qui nous fait ressentir notre corps en mouvement. Chaque respiration qui se fait plus profonde, chaque impact du pied contre le sol, chaque mouvement des jambes, des bras, nous rappellent que nous sommes vivants, que nous avons un corps qui fonctionne et qui nous permet de voyager à travers le monde. Ce n'est pas un corps abstrait ou déconnecté, mais un corps vivant, présent, dynamique. La course devient alors une manière de prendre le temps de l'écouter, de s'arrêter un instant dans notre vie trépidante pour ressentir ce qui se passe en nous.

Lorsque nous courons, nous apprenons à écouter notre souffle : ce battement régulier qui nous accompagne perpétuellement battant la mesure de la pulsion de vie qui nous traverse. La respiration devient notre guide, elle nous apprend à nous recentrer, à ne pas perdre de vue notre essence, à nous ajuster à notre propre rythme. Si nous nous laissons trop emporter par la vitesse ou par la performance, nous finissons par perdre ce lien avec nous-mêmes, par ne plus entendre cette respiration qui nous maintient en vie. Mais lorsque nous prenons conscience de chaque inspiration et expiration, nous retrouvons un ancrage profond dans l'instant, dans notre corps.

Le battement du cœur, également, devient une référence fondamentale lorsque nous courons. Il est la mesure de notre effort, le reflet de notre engagement physique, mais aussi de notre émotion. Chaque pulsation nous rappelle que nous avons des limites, mais aussi des ressources insoupçonnées. Il n'est pas question de le pousser au-delà de ce qu'il peut supporter, mais de l'écouter, de le comprendre, et d'ajuster notre rythme en fonction de ce qu'il nous indique. La course nous apprend à respecter nos capacités physiques, à prendre conscience de la frontière subtile entre le dépassement de soi et l'épuisement. Nous devenons attentifs à ces moments où notre cœur s'emballe et où il est nécessaire de ralentir, de respirer profondément pour permettre à notre corps de récupérer.

Au-delà des aspects physiologiques, la course à pied est aussi une invitation à percevoir la tension et la relaxation de chaque muscle, à prendre conscience des zones de notre corps qui sont en effort, et de celles qui se détendent. La sensation de douleur légère, de fatigue, ou de confort, devient une information précieuse qui nous aide à mieux comprendre nos limites physiques et à les respecter. Nous apprenons à reconnaître ces petits signes avant-coureurs qui nous indiquent que notre corps a besoin de récupération ou, au contraire, qu'il est prêt à pousser plus loin. Cela demande de l'attention, de la patience et de la conscience. La course nous invite à être attentifs à toutes ces petites subtilités qui font partie de notre expérience corporelle.

L'une des grandes leçons de la course à pied est qu'elle nous apprend à adopter une relation plus saine et plus respectueuse avec notre corps. Dans un monde qui valorise la performance à tout prix, nous avons tendance à considérer notre corps comme un outil à exploiter, à pousser sans cesse au-delà de ses capacités. La course, cependant, ne se résume pas à la performance ou à la compétition. Bien sûr, elle peut être un moyen de se dépasser, mais avant tout, elle est un moyen de revenir à une relation d'écoute de soi. En prenant soin de notre corps, en l'écoutant avec bienveillance, nous nous offrons le luxe d'un retour à une relation respectueuse et harmonieuse avec notre propre existence.

Lorsque nous courons, nous réapprenons à nous connaître sous un autre angle. Nous ne sommes plus seulement dans l'action mécanique, mais dans une relation consciente avec notre corps. Ce dernier devient notre allié, un compagnon de voyage qui nous permet de découvrir nos forces et nos faiblesses. Il ne s'agit plus de le forcer ou de le pousser sans réflexion, mais de l'accompagner dans sa capacité à progresser et à évoluer. Nous commençons à reconnaître et à honorer nos limites, tout en célébrant la satisfaction de bouger, de respirer, de vivre.

Le corps, dans sa simplicité, devient alors une porte d'entrée vers une meilleure compréhension de soi. À chaque course, nous pouvons affiner notre écoute, nous adapter à ses besoins, et ainsi vivre une expérience de liberté, mais aussi de connexion profonde avec ce que nous sommes vraiment. Cette écoute ne se limite pas à la course. Elle s'étend à tous les aspects de notre vie. Courir nous apprend à nous arrêter, à prendre conscience de notre souffle, de notre corps, de notre existence tout entière.

Il nous rappelle que nous devons prendre soin de nous, nous respecter, et ne pas laisser la vie moderne nous déconnecter de notre essence humaine. Parce que notre corps, en fin de compte, est le premier outil dont nous disposons pour partir à l'exploration du monde. Tant que nous ne savons pas comment l'écouter, nous ne pourrons jamais pleinement comprendre ce que cela signifie être humain. La course est cette opportunité d'entrer en communion avec nous-mêmes et de réapprendre à être en harmonie avec notre propre corps.

La recherche de la simplicité.

À une époque où tout semble être en constante évolution et où la quantité d'informations, de technologies et d'options disponibles atteint des niveaux vertigineux, courir apparaît comme un acte presque radical. Une quête de simplicité dans un océan de complexité. Nous vivons dans une ère où la sollicitation est omniprésente, que ce soit à travers les écrans, les notifications incessantes, ou encore la multitude de choix auxquels nous devons faire face chaque jour. Et pourtant, dans cet univers saturé de stimuli, courir offre une forme de purification, une rupture bienvenue avec ce trop-plein.

Il y a quelque chose de fondamentalement pur et élémentaire dans la course à pied. Si nous en avons la volonté, il est possible de se soustraire aux gadgets sophistiqués et aux technologies envahissantes. Il n'y a que soi-même, son corps, ses jambes, et le mouvement. La beauté de la course réside dans sa simplicité brute. Elle n'exige pas de prérequis, ni d'équipement onéreux pour y accéder. La seule chose dont nous avons besoin, c'est de notre propre volonté et de la capacité à avancer. Ce retour à la simplicité est une véritable bouffée d'air pur, une invitation à revenir à l'essentiel alors que le superflu prend trop souvent le dessus.

À chaque course, nous nous déconnectons de la multitude de préoccupations qui, au quotidien, remplissent notre esprit. Il est facile, dans le tumulte de la vie moderne, de se laisser submerger par des pensées envahissantes : les échéances professionnelles, les relations, la gestion du quotidien. En courant, nous prenons le temps de libérer notre esprit de ces fardeaux. La course devient alors une forme de désencombrement mental, une manière de faire le vide et de retrouver une clarté d'esprit. Au fur et à mesure que les foulées s'enchaînent, nous laissons de côté les pensées qui nous pèsent, les angoisses qui nous envahissent. Nous nous recentrons sur l'instant présent, sur notre corps qui se déplace, sur le souffle qui s'harmonise avec chaque pas. Nous redécouvrons ainsi ce que signifie être simplement en vie, sans les parasites qui, trop souvent, nous détournent de ce qui compte véritablement.

Ce retour à la simplicité nous permet de nous reconnecter à des valeurs essentielles que nous avons parfois perdues de vue. Dans la course, il n'y a pas de fioritures, pas de performances à atteindre pour satisfaire des attentes extérieures. Nous courons pour nous-mêmes, vers une libération personnelle. Le monde autour de nous peut être bruyant, chaotique, rempli de contradictions, mais lorsque nous courons, le tumulte s'estompe. Chaque foulée devient un moment de paix, un retour à ce qui est fondamental : le mouvement. C'est une façon de retrouver un équilibre intérieur, de ralentir le temps et de simplifier notre vie mentale, même si, paradoxalement, notre corps est en pleine activité. En éliminant le superflu, la course nous aide à réorganiser nos priorités et à clarifier ce qui est vraiment important pour nous. Nous apprenons à apprécier la beauté de la simplicité dans un monde qui la néglige souvent.

La recherche de la simplicité, c'est aussi se rendre compte que, bien souvent, ce sont les choses les plus simples qui apportent le plus de satisfaction. L'équipement nécessaire pour courir est minimal : des chaussures confortables, des vêtements adaptés et un espace pour se déplacer.

Il n'y a pas besoin de technologie avancée, de coachs virtuels ou de gadgets connectés pour courir. À travers cette absence de fioritures, nous retrouvons une liberté totale. La course est un moyen de nous libérer des chaînes de la consommation, de la nécessité de posséder toujours plus pour être heureux. Elle nous rappelle que le vrai bonheur réside dans l'expérience simple, l'effort physique, l'accomplissement personnel.

La beauté de la course n'est pas seulement dans l'effort ou la performance, mais dans le processus même du mouvement. Chaque pas, chaque respiration, chaque geste est une expérience de pureté. Même dans les moments de fatigue, lorsque le corps est mis à l'épreuve, il y a une forme de beauté qui émerge. Ce n'est pas une beauté extérieure, mais une beauté qui naît de l'authenticité du geste, de la sincérité de l'effort. La course nous aide à comprendre que l'essence de la vie réside dans ces moments simples, ces moments où nous sommes pleinement présents à nous-mêmes, dans toute notre vulnérabilité et notre humanité. Elle nous enseigne à apprécier la beauté du monde, non pas à travers des filtres ou des images parfaites, mais à travers la vérité brute de l'instant vécu.

L'un des aspects les plus précieux de cette simplicité retrouvée est la capacité qu'elle nous donne de nous recentrer. Dans un environnement qui nous entraîne à la recherche de quête pleine d'artifice, courir nous offre la possibilité de réduire la complexité de nos vies. Nous réapprenons à apprécier les petites choses : un paysage qui défile sous nos pieds, le calme de l'air frais, le rythme de notre respiration. Courir nous aide à diminuer les préoccupations et les divagations mentales, à redécouvrir un équilibre intérieur que l'on perd facilement dans les préoccupations quotidiennes.

Ainsi, dans cette recherche de simplicité, la course devient un acte philosophique. Elle nous invite à questionner notre rapport à la complexité du monde et à voir la beauté dans la simplicité de l'existence. En nous offrant cette pause dans le tumulte de la vie moderne, la course nous permet de mieux comprendre ce qui compte vraiment, ce qui est essentiel. Elle nous montre que parfois, il n'est pas nécessaire d'avoir plus pour être heureux. Il suffit d'un espace, de quelques pas et de notre propre présence pour retrouver ce sentiment de plénitude. La recherche de la simplicité à travers la course nous permet de redécouvrir ce qui fait de nous des êtres humains, en nous offrant une liberté et une profondeur qui échappent souvent à ceux qui cherchent sans cesse des solutions extérieures à leurs désirs de satisfaction intérieure.

Un acte de rébellion silencieuse.

Dans le tourbillon incessant de notre société moderne, où la vitesse est érigée en vertu et où la productivité semble régir toutes nos actions, la course à pied prend une signification bien particulière : celle d'une possibilité de rébellion silencieuse. Loin des exigences de performance, des objectifs mesurables et des impératifs qui dictent nos vies, courir devient un moyen de résister à un système qui valorise la quantité au détriment de la qualité de l'existence. Dans un collectif où le temps semble toujours plus compté, où il faut toujours faire plus pour être mieux, courir est un choix délibéré de s'échapper de ce rythme effréné, de s'affirmer dans l'espace de la lenteur et de l'introspection.

Cette rébellion commence dès que nous décidons de courir. Il n'est pas question ici de suivre une mode, d'atteindre un objectif de performance ou d'adhérer à une quelconque tendance. La course à pied permet alors de défier les injonctions de notre époque : la productivité à outrance, la consommation permanente, et l'obligation de toujours être plus rapide, plus efficace, plus connecté. Alors qu'on nous pousse constamment à optimiser chaque minute de notre existence, prendre le temps de courir devient un marqueur de cette désobéissance silencieuse. C'est un refus d'être entraîné par la cadence imposée par la société, un rejet du diktat du rendement et de l'efficacité. En choisissant de courir, nous faisons un choix conscient de prendre notre temps, d'aller à notre propre rythme, de nous affranchir des différentes pressions qui nous incitent à toujours courir après le temps, sans jamais prendre le moment nécessaire pour nous-mêmes.

Lorsque nous nous engageons dans une course, nous nous écartons de la frénésie du monde extérieur. Chaque pas, chaque respiration, chaque foulée devient une déclaration de souveraineté personnelle, un moyen de nous libérer des chaînes invisibles de l'agitation quotidienne. Le monde nous pousse à accélérer, à multiplier les tâches et à remplir chaque instant de notre emploi du temps de manière plus efficace. Mais en courant, nous prenons un moment de pause, un instant où nous décidons de ne pas nous conformer à cette course effrénée. Nous écoutons notre corps, nous ressentons le rythme de notre souffle, nous vivons en dehors des pressions extérieures. C'est un instant au cours duquel nous choisissons une vie en minimisant les contraintes.

Courir devient ainsi une forme de protestation silencieuse, une remise en question du modèle qui nous incite sans cesse à être plus productifs, plus occupés. Dans une société où chaque moment est scruté, calculé et maximisé, la course à pied offre une réelle possibilité de déconnexion. Sans objectifs pressants, de contraintes financières ou de succès professionnels à poursuivre, nous découvrons une sérénité intérieure qui nous libère des pressions extérieures. La course à pied nous permet de remettre en question cette quête incessante du « plus » : plus d'argent, plus de biens matériels, plus de reconnaissance. C'est un appel à la simplicité, à la connexion avec soi-même, loin des attentes imposées par la société de consommation.

La rébellion silencieuse que représente la course à pied ne se limite pas à un simple rejet des impératifs sociaux. Elle va bien au-delà. Courir devient une revendication de notre liberté intérieure, une manière de refuser de se laisser enfermer dans une existence régie par des normes externes. Lorsque nous courons, nous définissons notre propre rythme, notre propre tempo, loin des pressions et des agendas imposés. Chaque foulée est une affirmation de notre volonté de rester fidèles à nous-mêmes, d'être maîtres de notre temps et de notre espace. La société nous impose de suivre une trajectoire définie, d'adhérer à des modèles de réussite et d'accomplissement qui ne correspondent parfois pas à nos aspirations profondes. Mais dans la course, il n'y a pas de modèle à suivre, pas d'attente particulière à satisfaire. Il n'y a que notre corps, notre souffle, et notre volonté de vivre intensément cet instant.

La véritable révolte dans la course à pied réside dans cette affirmation de notre individualité, dans ce moment où nous choisissons de nous libérer des attentes de la société. Courir est une manière de nous réapproprier notre corps, de lui redonner son pouvoir et sa voix alors que nous nous sentons souvent déconnectés de lui. Loin des idéaux futiles d'une société qui érige en valeur l'agitation, la course nous permet de revenir à l'essentiel : la simple joie de bouger, de respirer, de sentir notre corps se mouvoir. Au cœur de cette démarche, nous rétablissons la priorité de notre bien-être, non pas en termes de rendement ou de production, mais en termes de présence et de sens.

Chaque course est une petite révolte. Dans le silence de la rue ou dans la nature, nous exprimons notre volonté de ne pas nous laisser définir par les exigences extérieures. Nous nous réapproprions notre temps, notre rythme et notre corps. Et c'est précisément dans cette rébellion tranquille que réside la puissance de la course à pied : un acte profondément humain, une manière de s'affirmer sans bruit, sans agression, mais avec une force tranquille qui défie les normes imposées par un monde qui, paradoxalement, court dans tous les sens. C'est une résistance joyeuse, une manière de dire, sans un mot, que nous avons choisi de vivre autrement, en harmonie avec nos besoins profonds et non avec les attentes qui nous sont imposées.

Ainsi, chaque foulée devient plus qu'un simple mouvement physique : c'est une affirmation de notre indépendance. C'est une déclaration silencieuse que nous choisissons de vivre selon nos propres règles, sans nous laisser emprisonner par les diktats de la société.

Courir devient l'antidote au stress, au burn-out, à la pression constante d'être toujours plus productif. C'est un geste de résistance douce, une manière de préserver notre identité dans un monde qui tente constamment de nous faire perdre de vue ce qui nous est cher.

2.

Quand le corps se libère.

Il y a une vérité universelle dans le mouvement : le corps n'a pas été conçu pour l'immobilité. Dès les premiers mètres, une transformation s'opère. Les muscles s'éveillent, les poumons s'emplissent d'air, le cœur s'emballe, et bientôt, la mécanique devient fluide. Courir, c'est libérer son corps du poids de la sédentarité, de la lourdeur du quotidien, pour retrouver cette dynamique naturelle, ce rythme vital qui appartient à chacun de nous.

Un voyage intérieur à travers le mouvement.

Dans le silence de la course, tout souffle devient une mélodie intime, les pas un écho à notre présence dans ce monde. Ce qui commence comme une simple activité physique se transforme rapidement en un véritable voyage intérieur, une exploration de soi à travers le mouvement. Au départ, la course semble être une simple action : les pieds qui frappent le sol, la respiration qui s'intensifie, le cœur qui bat un peu plus vite.

Mais lorsque l'on prend le temps de s'immerger dans ce mouvement, lorsque l'on laisse le corps prendre le contrôle, quelque chose de plus profond se produit.

Il y a ce moment magique où l'agitation du monde s'efface. Les pensées quotidiennes, les préoccupations qui encombrent l'esprit, la pression des attentes sociales, tout cela se dissout peu à peu. Il ne reste plus que nous, ici et maintenant, dans un corps en mouvement. La course à pied, devient alors un terrain de rencontre entre le corps et l'esprit. Le rythme des pas, le souffle qui se fait plus profond, l'attention qui se porte sur l'instant présent, tout converge pour créer une sensation d'évasion. C'est dans cette évasion que réside l'un des aspects les plus puissants de la course : la possibilité de se reconnecter à sa véritable nature, de retrouver ce que l'on est au plus profond de soi, au-delà des masques sociaux, des attentes extérieures et des conditionnements du quotidien.

Cette société exigeante nous demande toujours plus -plus de travail, plus de productivité, plus d'engagement -, la course à pied nous invite à nous libérer de ces pressions. Chaque foulée devient une forme de résistance silencieuse face à ce monde de contraintes. C'est dans cette mise en mouvements, que le corps retrouve sa place de souverain, en dehors des diktats de la société. Courir devient un acte d'émancipation et d'indépendance. C'est un voyage où l'on dépasse les limites imposées par l'esprit, où l'on va au-delà des barrières mentales et émotionnelles que nous nous sommes souvent forgées au fil du temps. Dans le silence de la course, nous cessons de juger notre corps, de le contraindre à correspondre à une image ou à une norme. Nous cessons de répondre à ce besoin d'agitation, de performance, de perfection. Nous nous abandonnons au moment en étant bien contraints sur l'instant d'accepter notre corps tel qu'il est, dans toute sa simplicité et sa vérité.

Le premier pas, dans la course comme dans la vie, est souvent le plus difficile. C'est celui qui nous sort de notre zone de confort, celui qui brise l'inertie et nous pousse à nous confronter à notre propre résistance. Au début, il y a la tentation de s'arrêter, de céder à la fatigue, à la douleur, à la peur de l'échec. Mais une fois que l'on franchit cette étape, une fois que l'on dépasse ce premier obstacle, quelque chose de magique se produit. Le corps cesse d'être un simple outil au service de la performance. Il devient un partenaire à part entière, une entité vivante et autonome, capable de s'exprimer librement. Les muscles, d'abord tendus, trouvent leur rythme, la respiration s'harmonise avec le mouvement, et le corps se déploie dans toute sa puissance naturelle. C'est là que l'on commence à percevoir cette sensation étrange mais merveilleuse : celle d'être totalement en phase avec soi-même, d'être dans un état d'équilibre parfait entre le corps et l'esprit.

Cette transformation, pourtant ancrée dans la matière, va bien au-delà de la simple amélioration physique. La libération qu'elle procure touche à la fois le corps, l'esprit et l'émotion. Sur le plan physique, la course renforce le corps, affine la silhouette, et améliore la santé générale. Mais c'est sur le plan psychologique que la course dévoile sa dimension la plus profonde. Chaque foulée devient un moyen de se débarrasser du stress, des angoisses, des frustrations accumulées. Courir est un moyen de se purger, de se libérer des poids invisibles que nous portons. C'est une forme de catharsis, un moyen de libérer nos émotions, de laisser sortir les tensions qui se sont installées en nous au fil du temps. Lorsque le corps est en mouvement, l'esprit aussi se libère. Les pensées qui semblaient lourdement figées trouvent une forme de fluidité. C'est un peu comme si chaque pas était un geste symbolique de libération, une mise en mouvement de ce qui était bloqué, figé à l'intérieur.

La course permet également de renouer avec des émotions souvent enfouies sous les exigences de la vie moderne. Parfois, courir devient un moyen de se reconnecter à des souvenirs, à des moments oubliés, ou simplement de vivre des émotions brutes, sans filtre. Dans la solitude de la course, on se retrouve face à soi-même, et ce face-à-face peut être à la fois révélateur et libérateur. C'est une occasion de comprendre nos propres besoins, nos limites, mais aussi nos désirs les plus profonds. Il n'y a pas de jugement, il n'y a pas de comparaison avec les autres, il y a juste nous et la route. Cette simplicité nous permet d'entrer en contact avec une vérité fondamentale : celle de notre être, libre et entier.

Ainsi, la course devient une arme dans le combat que nous menons pour nous réconcilier avec nous-mêmes. Elle nous ouvre un espace dans lequel il nous est possible de redécouvrir notre propre force, notre propre autonomie, notre vrai pouvoir. Dans ce mouvement, il n'y a pas de finalité imposée, il n'y a pas de but à atteindre. Le seul but est d'être, d'être présent à soi-même, à chaque souffle, à chaque mouvement. La course permet de résister aux tornades du monde extérieur, et devient un acte d'amour autocentré, un geste de bienveillance et de respect envers notre corps et notre esprit. C'est dans cette expression de la course que l'on retrouve notre liberté originelle, celle qui est pure et intime, loin des pressions et des attentes qui pèsent sur nous. Et c'est dans cette quête personnelle, aux saccades des pas et du souffle, que l'on se reconnecte, enfin au fondamental.

La course définie comme un acte d'affranchissement.

Dans un contexte où l'inactivité devient une norme de plus en plus acceptée et où la passivité semble s'installer progressivement dans nos vies, courir émerge comme un acte d'émancipation, silencieux mais puissant. Cette opposition ne se manifeste pas par des cris ou des protestations bruyantes, mais par un simple acte physique : celui de courir. Dans une société dans laquelle la sédentarité est confortablement installée et où nos vies sont normées par des horaires, des obligations, et une consommation incessante d'informations virtuelles, la course est un moyen de lutter contre la passivité. C'est un rejet clair de l'immobilité qui nous est imposée, un refus d'accepter que la stagnation soit une condition normale de notre existence. En enfilant nos chaussures de course et en prenant le départ, nous rejetons l'idée que l'immobilité, l'inaction et la dépendance aux écrans soient des modèles à suivre. Loin de céder à la pression qui nous pousse à rester assis, à être toujours connectés et toujours occupés, nous choisissons de bouger, de libérer notre corps et de raviver notre connexion avec le monde réel.

Courir devient une affirmation de la possibilité de se soustraire à cette routine sédentaire. Ce n'est pas seulement un moyen de rester en forme, mais un moyen de prendre le contrôle sur notre existence. Il s'agit de réagir contre cette idée sous-jacente que pour être productif, il faut être constamment engagé dans des tâches sans fin, ancrées dans un cycle qui nous fait oublier ce qui est essentiel : nous-mêmes et notre bien-être. Dans cette dynamique, chaque foulée devient une petite révolution. Le corps, en s'élançant sur le chemin, devient le porte-étendard de cette libération. À chaque pas, nous affirmons que nous avons le pouvoir de décider, de faire nos propres choix, de choisir nos trajectoires. Nous décidons de sortir des chemins tracés, de quitter les sentiers battus et de défier les normes imposées par la société. Cette course devient une allégorie de l'affirmation de notre autonomie. En nous libérant des contraintes imposées par le confort de l'immobilité, nous retrouvons un élément essentiel : celui du mouvement, de l'agir, de la décision consciente de ne pas se laisser engluer dans l'inertie de la vie quotidienne.

Ce qui peut être considéré comme une transgression se situe dans cette capacité à se soustraire aux attentes et aux pressions qui nous entourent : les horaires, les obligations… Tout cela fait partie d'une matrice qui, subtilement, nous enferme dans des rôles préconçus. Mais courir, c'est refuser d'être réduit à une simple image projetée par la société. C'est choisir de s'affirmer à travers un geste simple, mais profondément symbolique : celui du mouvement, de l'action, du refus de l'immobilité. Chaque course devient ainsi un moyen de déclarer notre indépendance face à la pression collective de suivre la norme. Elle apparaît comme une véritable déclaration d'intention. Par cette simple action de courir, nous affirmons que nous avons le droit, et même le devoir, de vivre selon nos propres lignes de conduite.

Dans cette volonté de rupture, nous découvrons une force insoupçonnée. Courir devient un moyen de retrouver notre pouvoir intérieur, de rétablir un équilibre, de faire face à ce qui, dans la société moderne, nous pousse constamment à nous adapter, à nous conformer. Chaque course devient un espace où nous pouvons nous reconnecter avec notre véritable essence, où nous pouvons nous libérer des jugements externes et des différentes attentes. C'est dans ce geste, d'apparence si simple mais si puissant, que nous retrouvons notre vraie force. Cette rébellion, silencieuse mais radicale, nous permet de réaffirmer notre identité, de revendiquer notre autonomie, et de choisir, à chaque pas, le chemin que nous souhaitons suivre.

Ainsi, la course devient un acte symbolique, un moyen de dire « non » à l'immobilité, à la soumission, à la passivité imposée par la vie moderne. C'est un cri intérieur qui, loin de se faire entendre, résonne profondément en nous, comme une affirmation de notre droit à choisir notre propre rythme et notre propre trajectoire. La moindre course, la moindre foulée, devient un moyen de se réapproprier notre corps, notre esprit et notre existence, un moyen de prendre position, de revendiquer notre droit à être pleinement nous-mêmes.

Le corps en mouvement révèle une autre dimension de soi.

Lorsque nous courons, il se produit quelque chose de fondamental : notre corps cesse d'être simplement une entité physique, il devient une véritable extension de notre volonté, un instrument au service de notre liberté intérieure. Chaque foulée, chaque geste, chaque mouvement, porte en lui une intention profonde, un désir de libération et de transformation. Au fur et à mesure que nos jambes prennent de l'élan et que notre rythme s'installe, nous sentons le corps se libérer. Les muscles, qui dans la vie quotidienne sont souvent soumis à la pression de la sédentarité et des contraintes, se détendent, se déploient, et prennent une nouvelle forme d'expression. Ce n'est pas seulement une libération physique : il s'agit d'un phénomène global, qui inclut le mental et l'émotionnel. La course devient un processus où chaque mouvement, si simple et naturel soit-il, contribue à dissiper les tensions, à alléger le cœur et l'esprit. Le stress accumulé dans le corps au fil des jours, les angoisses invisibles qui nous pèsent, les frustrations qui s'incrustent insidieusement, tout semble s'échapper au fur et à mesure que les kilomètres défilent. Chaque foulée est un pas de plus vers l'extérieur, vers une forme d'extériorisation de ce qui se cache à l'intérieur. Mais cette avancée dans l'espace, paradoxalement, est aussi un périple intérieur. Le corps devient le moyen par lequel nous accédons à une dimension plus intime de nous-mêmes, un espace où les pensées inutiles s'effacent et où seule subsiste la sensation pure de l'instant. Dans ce mouvement, nous retrouvons une part de nous que nous avions oubliée ou négligée. Il ne s'agit plus simplement de courir, il s'agit de se redécouvrir.

La répétition des gestes, le rythme des pas, l'harmonie entre le souffle et le mouvement, tout cela crée un état particulier, un état où le corps se fait miroir de notre état intérieur. Il n'y a plus de séparation entre l'un et l'autre. Le corps, ce véhicule qui parfois nous semble contraint par la fatigue ou par l'usure, devient un canal par lequel nous libérons nos émotions les plus enfouies. En courant, nous mettons également en mouvement tout ce qui se cache sous la surface, tout ce qui a été refoulé ou négligé dans la frénésie de notre vie quotidienne. Les muscles qui se tendent, se contractent, puis se relâchent, sont comme des vaisseaux par lesquels les tensions se dissipent. C'est dans cette fluidité que le corps trouve une forme de réconciliation avec lui-même.

Et lorsque le corps se libère, le mental suit. Dans cette transe douce, cette forme de méditation en mouvement, l'esprit s'allège. Les pensées qui semblaient jusque-là envahir notre quotidien se dissipent. Il n'y a plus de jugement sur ce que nous faisons, plus de pression extérieure, plus d'évaluation. Le regard des autres, la recherche de la perfection, tout cela s'éteint au fil des foulées. Ce qui reste, c'est la pureté du moment présent. Chaque mouvement, chaque souffle, se transforme en un moment de pleine conscience. La simplicité du mouvement nous renvoie à une forme de clarté mentale que nous cherchons souvent en vain dans la vie quotidienne.

Courir, c'est comme entrer dans un espace-temps particulier, où l'on peut enfin se poser et se retrouver sans les interférences du monde extérieur. Dans ce calme qui émerge du mouvement, il existe une forme de paix intérieure qui peut sembler insaisissable au quotidien. La vie moderne, avec ses exigences incessantes et son rythme effréné, nous empêche souvent de goûter à cette tranquillité. Courir permet alors de briser cette dynamique. Ce n'est pas une fuite, mais une manière de renouer avec une partie de soi qui se perd dans l'agitation. L'effort physique, loin d'être un fardeau, devient une porte vers une expérience plus profonde de soi-même. C'est en se confrontant à la fatigue, à la douleur, à l'effort, que l'on accède à un autre état d'être. Loin d'être un obstacle, ce processus de fatigue et d'effort est en réalité un catalyseur de transformation. Il permet au corps de se libérer, mais aussi à l'esprit de se purifier.

C'est dans cet espace de mouvement que le corps retrouve sa pleine expression. Au-delà de la performance, au-delà du but, courir devient un acte cathartique, une forme d'expression de soi qui échappe à toute forme de contrainte sociale. C'est un processus où le corps se décharge de ses poids, à la fois physiques et émotionnels. Paradoxalement, c'est à travers la douleur, la fatigue, et l'effort que nous parvenons à nous réinventer. La douleur n'est plus perçue comme une ennemie, mais comme une alliée qui nous pousse à dépasser nos limites, à nous renouveler, à nous libérer. Chaque goutte de sueur, chaque souffle haletant, devient un symbole de cette transformation. La fatigue, loin d'être une faiblesse, devient une victoire, un signe que le corps a trouvé son propre chemin vers l'épanouissement.

C'est dans cette libération que le corps se purifie, qu'il se débarrasse des poids qu'il porte depuis trop longtemps, qu'il se réinvente pour mieux s'épanouir. Dans la course, le corps devient plus qu'un simple organisme physique. Il se transforme en un espace de libération émotionnelle et mentale. Le mouvement ne sert plus seulement à déplacer le corps dans l'espace, il sert à libérer l'âme, à alléger l'esprit, à rétablir une paix intérieure que beaucoup cherchent en vain dans les autres aspects de la vie. Courir, c'est donc beaucoup plus que se maintenir en forme ou atteindre un objectif physique. C'est une manière de se retrouver, de se réconcilier avec soi-même.

Se débarrasser des poids invisibles.

Dans la vie quotidienne, nous portons tous des poids invisibles. Ce sont ces pensées qui tourbillonnent sans fin dans notre esprit, ces jugements incessants que nous portons sur nous-mêmes ou que l'on nous impose, ces attentes, conscientes ou non, qui façonnent chacune de nos actions. Ces poids ne sont pas matériels, mais leur influence est réelle, souvent bien plus lourde que n'importe quel fardeau physique. Ils s'accumulent à chaque instant : les injonctions de notre entourage, les pressions professionnelles, les aspirations personnelles non accomplies, les normes imposées par la société. À force de supporter ces charges invisibles, le corps finit par en subir les conséquences, par se sentir alourdi, comme pris au piège dans une spirale de stress et d'épuisement. C'est ici que la course, dans sa simplicité et sa pureté, intervient comme un véritable processus de purification.

Lorsque nous prenons l'initiative de chausser nos baskets et de partir courir, ce n'est pas seulement le corps que nous mettons en mouvement, mais aussi l'esprit. Ce geste, d'apparence simple, devient un choix conscient de se libérer des fardeaux invisibles que nous portons depuis trop longtemps. Foulée après foulée, chaque pas nous éloigne progressivement, des jugements, des obligations imposées, et nous invite à nous détacher des modèles de réussite qui souvent ne correspondent plus à notre vérité intérieure. La route devant nous devient alors bien plus qu'un simple tracé à suivre. Elle devient un espace de libération, un lieu où le passé s'efface, où les préoccupations se dissipent, et où nous pouvons enfin nous affranchir du poids des attentes, réelles ou imaginées, qui alourdissent notre quotidien.

Dans cette liberté du mouvement, chaque course est une opportunité de réinvention personnelle. C'est un processus alchimique, où, au fur et à mesure que les kilomètres défilent, nous nous débarrassons de ce qui nous entrave. Ces poids invisibles, que nous avons accumulés, se dissipent lentement. La course nous invite à abandonner les aspects superflus de notre vie, ceux qui ne servent plus notre bien-être, ceux qui nous empêchent d'être pleinement nous-mêmes. Nous réalisons qu'une part de nous doit être laissée derrière, afin de nous permettre d'aller de l'avant. Loin d'être simplement un défi physique, la course devient alors une véritable guérison intérieure, une thérapie silencieuse qui nous aide à renouer avec notre essence.

Ce processus de lâcher-prise, qui se déroule à chaque foulée, est essentiel pour comprendre que la course n'est pas un simple moyen de se maintenir en forme. C'est une voie de guérison qui s'étend bien au-delà du corps. La libération ne se limite pas à l'évacuation de la douleur physique, elle touche également notre psyché, notre perception de nous-mêmes, et notre capacité à nous détacher des attentes externes. En courant, nous commençons à nous détacher des modèles de réussite imposés par la société, des standards de performance qui nous étouffent. Nous arrêtons de nous comparer aux autres, de mesurer nos progrès selon des critères externes, et commençons à accepter notre propre rythme. Nous comprenons que notre parcours est unique et que ce qui compte, c'est de l'accepter pleinement.

Au-delà de cette libération, la course apporte une autre forme de clarté : le désir de simplicité. Dans un monde où la complexité et l'accumulation sont souvent perçues comme des valeurs, courir nous rappelle qu'il n'est pas nécessaire d'être encombré pour être heureux, qu'il n'est pas nécessaire de multiplier les distractions pour se sentir vivant. La course, dans sa pureté, nous montre que tout ce dont nous avons besoin pour avancer est déjà en nous. Pas de poids superflus, pas d'occupations inutiles. Il suffit de courir, de respirer, de sentir la force de nos jambes et la légèreté de notre corps en mouvement. C'est un moment de simplicité, un instant où nous cessons de nous mesurer aux autres, où nous arrêtons de courir après des objectifs qui ne sont pas les nôtres. Tout ce que nous avons à faire, c'est avancer, dans l'instant présent, dans cette quête simple mais fondamentale : vivre.

En nous débarrassant des poids invisibles, nous redécouvrons notre propre rythme, notre propre cadence, et nous nous reconnectons à la vérité de notre corps. Le chemin devient plus léger, et chaque pas nous rapproche un peu plus de notre véritable nature. La course nous enseigne que la légèreté n'est pas une question de vitesse ou d'effort, mais une question de détachement. Se débarrasser des poids invisibles, c'est se donner la possibilité d'être soi-même, d'accepter son propre rythme, et de se libérer des attentes extérieures qui nous empêchent de goûter pleinement à la beauté du moment présent.

Un corps qui dépasse les limites perçues.

La course à pied, dans son essence même, est une invitation à repousser sans cesse nos limites, à tester et à redéfinir ce que nous pensions être nos frontières physiques et mentales. Lorsque nous débutons, il n'est pas rare de ressentir une profonde sensation de malaise : les premières foulées sont souvent marquées par l'inconfort, la douleur, la fatigue. Chaque pas peut sembler un défi insurmontable, et les premiers kilomètres peuvent paraître interminables. Mais à mesure que nous persévérons, quelque chose de fascinant se produit : ces limites que nous percevions comme absolues commencent à se dissoudre. Ce qui semblait être un mur infranchissable se transforme progressivement en une simple barrière temporaire à franchir.

Nous prenons alors conscience que, bien que notre corps soit humain, fragile et vulnérable, il possède aussi une résilience étonnante. Cette capacité à s'adapter, à se renforcer, à s'ouvrir à de nouvelles possibilités est l'un des aspects les plus puissants de la course à pied. Chaque session de course devient une exploration de ce potentiel caché, une occasion de tester, et parfois de transcender, nos capacités physiques. Ce processus n'est pas seulement un défi d'endurance ; il s'agit d'une quête pour dépasser des frontières qui ne sont en réalité que des illusions construites par notre propre perception. Nos corps, avec leurs limites apparentes, possèdent des ressources insoupçonnées. La véritable frontière n'est pas celle du corps, mais celle de l'esprit.

Il existe une conviction commune selon laquelle nos capacités physiques sont strictement limitées. Pourtant, bien souvent, il s'avère que ces limites sont beaucoup plus mentales qu'elles ne le sont physiques. Nous nous imposons des frontières à travers nos pensées, nos croyances, et nos peurs. Lorsque nous courons, nous découvrons que la véritable limite réside dans nos propres perceptions de ce qui est possible. Nous croyons que la douleur est insupportable, que la fatigue est écrasante, que nous ne pourrons pas continuer. Mais dès que nous faisons face à ces doutes, dès que nous apprenons à les reconnaître pour ce qu'ils sont - des obstacles mentaux, des barrières psychologiques- nous commençons à nous libérer. Le corps, libéré de ces chaînes mentales, prend alors le relais. Les muscles, les articulations, les os, tout commence à fonctionner en harmonie, et ce qui semblait insurmontable devient soudainement possible.

Ce phénomène de libération est profondément puissant. Il ne s'agit pas simplement de dépasser des limites physiques ; il s'agit de réaliser que la force mentale est tout aussi cruciale, voire plus, que la force physique. Lorsque nous surpassons nos peurs, que nous franchissons ces barrières invisibles, un sentiment de puissance s'éveille en nous. Il ne s'agit pas seulement de courir un kilomètre de plus ou de battre un record personnel, il s'agit d'affirmer que nous sommes capables de plus que ce que nous croyions. À chaque course, à chaque défi surmonté, nous découvrons de nouvelles facettes de notre potentiel, des parties de nous que nous ignorions, qui jusque-là étaient emprisonnées derrière nos doutes et nos limites perçues.

La beauté de la course à pied réside dans cette alchimie entre corps et esprit, dans cette capacité à unir les deux pour dépasser des obstacles qui, dans d'autres aspects de la vie, peuvent sembler insurmontables. Ce processus de dépassement de soi ne se limite pas à la course ; il s'étend bien au-delà. Cette sensation d'être maître de notre corps, de notre souffle et de notre rythme, devient une parabole puissante de la liberté dans notre vie quotidienne. À chaque pas, nous élargissons notre perception de ce qui est possible. Ce que nous croyions être nos limites dans la course se transforme en une compréhension plus profonde de nos capacités dans d'autres domaines. Chaque fois que nous surmontons une difficulté sur le parcours, que ce soit la douleur physique, la fatigue ou l'épuisement mental, nous apprenons à surmonter d'autres défis dans notre existence.

La course devient ainsi un terrain d'entraînement, non seulement pour le corps, mais aussi pour l'esprit. Les barrières que nous surmontons sur la route nous préparent à affronter les obstacles de la vie avec une nouvelle vision, plus ouverte, plus audacieuse. Les limites que nous pensions être des murs infranchissables se transforment en tremplins, nous propulsant vers une meilleure compréhension de nous-mêmes et de notre potentiel. Cette prise de conscience se déploie bien au-delà de la course. Ce qui commence par un simple mouvement physique, par une série de foulées, devient une découverte de l'âme, une exploration de ce que nous sommes réellement capables d'accomplir.

Un souffle de liberté retrouvée.

Dans chaque course, il existe une sensation d'absolu, une forme de libération totale, presque transcendante. Le corps, soumis aux lois de la fatigue, de l'effort et parfois même de la douleur, trouve soudainement un espace où ces limitations physiques deviennent secondaires. Au fur et à mesure que les pas s'enchaînent, que le souffle devient plus profond et que les muscles s'ajustent, l'esprit se détache peu à peu des pensées parasites, des préoccupations quotidiennes. Tout ce qui nous accable disparaît dans l'ombre, et il n'y a plus que cette sensation intense d'être pleinement ici, dans ce moment précis. Le monde extérieur, avec ses exigences, ses bruits, ses tentations, se fond lentement dans l'inconscient. Ce qui compte alors, ce n'est ni la durée, ni la vitesse, ni la performance, mais simplement la respiration. Ce souffle, qui devient le rythme de notre existence, nous réconcilie avec nous-mêmes. Il est le fil d'Ariane qui nous relie à notre corps, à notre essence la plus pure.

Courir, ce n'est pas seulement avancer sur un chemin, c'est aussi, et surtout, un acte profond de libération intérieure. C'est le moment où, pour quelques instants, nous laissons derrière nous les chaînes invisibles qui nous entravent : les attentes, les responsabilités, les peurs. Chaque foulée devient une petite victoire sur nos limitations, une manière de réaffirmer que notre véritable épanouissement ne dépend ni des regards extérieurs, ni des impératifs de la vie moderne. La course nous permet de ressentir ce lien essentiel entre notre corps et notre existence. C'est une communion silencieuse, un instant de pureté où il n'existe rien d'autre que le corps qui s'exprime à travers l'effort, l'endurance, la souplesse et la fluidité du mouvement.

Lorsque nous courons, nous nous libérons des contraintes que nous nous imposons à nous-mêmes. Le corps devient alors une extension de notre volonté, un vaisseau capable de nous transporter au-delà des frontières que nous croyons avoir. Le moindre pas, le moindre kilomètre que nous parcourons, nous mène plus loin dans un voyage intime, un voyage où nous dépassons nos limites physiques, mais aussi nos barrières mentales et émotionnelles. C'est une manière de se réconcilier avec soi-même, un chemin vers une version plus authentique de nous-mêmes.

À travers le souffle, nous touchons cette paix intérieure. Il y a dans cette sensation un état de grâce, une forme d'évasion du quotidien qui nous permet de ressentir la vie dans sa plus grande simplicité. Ce souffle qui s'intensifie, cette légèreté qui naît progressivement, deviennent les témoins d'un retour au fondamental. Dans le monde souvent agité qui nous entoure, où tout est mesuré, comparé, et contrôlé, courir devient un espace où nous pouvons exister sans contraintes, sans attentes. La plénitude que l'on peut ressentir en courant n'est pas une illusion fugace, mais une réalité profonde, enracinée dans notre corps et notre esprit.

Ainsi, chaque course devient un acte d'affirmation, une manière de revendiquer notre autonomie face à la pression de la société. Elle nous rappelle que la véritable liberté ne réside pas dans ce que nous possédons ou dans les objectifs que nous atteignons, mais dans cette capacité à se libérer du superflu, à renouer avec le fondamental : l'instant présent, le souffle, et la pureté de l'action. Le corps, dans sa simplicité, devient un temple de liberté, et à travers chaque mouvement, nous redécouvrons cette sensation d'apesanteur, d'harmonie avec notre propre nature. Courir apparaît comme une libération des poids invisibles que nous portons, une reconnexion à la liberté profonde qui réside en chacun de nous, à notre essence. Chaque course, chaque respiration, chaque foulée est une chance de nous réinventer, de dépasser nos limites et de goûter, ne serait-ce qu'un instant, à cette liberté retrouvée.

3.

L'âme du coureur.

Au-delà des kilomètres, au-delà de la fatigue et des performances, il existe quelque chose d'intangible qui anime le coureur. Un feu intérieur, une quête, un besoin viscéral d'avancer. L'âme du coureur ne se mesure pas en temps ou en distances ; elle se révèle dans l'engagement, dans la solitude des entraînements, dans la plénitude d'une foulée parfaite.

Une quête intérieure qui dépasse le mouvement.

Lorsqu'on s'élance dans la course, il ne s'agit pas uniquement de mouvement, de gestes physiques mesurés et de respirations régulières. À chaque foulée, un processus bien plus profond prend forme. Courir devient une danse silencieuse de l'âme, une quête qui va bien au-delà du simple défi corporel. Toute foulée nous rapproche de nous-mêmes, chaque inspiration et expiration ouvrent un espace intérieur qui permet la rencontre de l'esprit et du corps à la poursuite de l'équilibre le plus parfait. La course, en effet, n'est pas qu'une recherche d'endurance ou de performance ; c'est une introspection, un chemin de découverte intime qui se déroule à travers le mouvement. Lorsque nous courons, nous entamons une exploration des profondeurs de notre être. Ce voyage n'est pas guidé par un chemin tracé ou un but extérieur, mais par une quête personnelle et silencieuse. À chaque course, nous nous éloignons des exigences extérieures et des jugements de la société. La route, qu'elle soit pavée ou sinueuse, devient un espace ouvert où nous pouvons nous rencontrer dans notre vérité la plus pure. Le corps, dans sa simplicité et sa puissance, devient le véhicule de cette quête, porteur de nos questions intérieures et de nos réponses silencieuses. En suivant le rythme de nos jambes et de notre souffle, nous plongeons dans un processus qui dépasse le simple mouvement et touche des dimensions plus profondes de notre existence.

Contrairement à ce que l'on pourrait penser, le coureur ne court pas simplement pour atteindre un temps, pour battre un record ou pour améliorer sa condition physique. L'espace d'un instant, il lui est possible de se détacher des masques et des rôles de sa vie quotidienne. Dans la course, il trouve un espace où il peut être simplement lui-même, sans artifice ni prétention. Courir permet de se débarrasser des couches superficielles qui nous dissimulent à nous-mêmes et au monde. Ces couches, issues de nos interactions sociales, de nos obligations et de nos préoccupations quotidiennes, fondent peu à peu à chaque pas, jusqu'à ce que nous ne restions plus que l'essence de ce que nous sommes.

C'est dans ce dépouillement que la course révèle sa véritable puissance. Elle permet d'accéder à une forme d'authenticité que l'on ne trouve guère dans les autres aspects de la vie. Tandis que le monde extérieur continue de tourner, l'intensité de l'effort nous transporte dans un état d'être où tout devient plus clair, plus vrai. L'esprit, débarrassé des incitations et des jugements, trouve un espace pour se ressourcer, pour se recentrer. Le coureur, par le simple fait de courir, se connecte à une part de lui-même qu'il avait peut-être oubliée, ou qu'il n'avait jamais vraiment rencontrée. Chaque foulée devient un moyen de se redécouvrir, une invitation à explorer la richesse de notre propre existence, au-delà des frontières imposées par la société.

Ainsi, courir devient une forme de révélation. Ce n'est pas simplement un effort de plus, mais une occasion de toucher à la vérité de notre être. La course ne se résume pas à un simple défi physique ou à une recherche de bien-être. Elle nous conduit bien plus loin, dans un territoire intime et profondément personnel, où l'on apprend à se connaître dans toute notre complexité. Elle devient un miroir qui reflète non seulement notre corps, mais aussi nos pensées, nos émotions et notre âme. Dans cet espace de liberté totale, la course se transforme en symbole, une invitation à lâcher prise et à se rencontrer dans sa vérité la plus pure.

La course comme dialogue intérieur.

La véritable course, loin de se limiter à une interaction extérieure avec le monde, s'enracine dans un dialogue intérieur profond. Chaque course devient une conversation silencieuse entre le corps et l'esprit, une rencontre où le mouvement physique rencontre une réflexion subtile. À chaque foulée, à chaque respiration, il ne s'agit pas seulement de se déplacer d'un point A à un point B ; il s'agit d'une exploration, d'une quête pour comprendre qui nous sommes véritablement au-delà du tumulte quotidien. Ce n'est pas seulement une mobilisation de nos muscles, mais également une invitation à entendre, à écouter et à comprendre ce qui résonne en nous. Lorsque nous courons, nous mettons en marche un processus où la pensée se détache de ses préoccupations habituelles. À mesure que notre corps trouve son rythme, l'esprit, lui, trouve un espace de liberté, de détachement des interférences du monde extérieur. Cet égoïsme choisi permet d'explorer les dimensions les plus profondes de notre être. Le corps, en action, devient une extension de l'esprit, un moyen de canaliser des pensées qui, souvent, se perdent dans les méandres de nos vies surchargées. Le dialogue qui s'instaure ici est fluide, non verbal, mais d'une intensité qui nous permet de rentrer en nous-mêmes de façon pure, loin des bruits du monde.

Ce moment de solitude, que l'on trouve sur un sentier forestier ou même dans les rues tranquilles de notre quartier, devient un sanctuaire où le monde extérieur cesse d'exister. En l'absence des sollicitations quotidiennes, l'esprit se trouve enfin capable de s'épanouir dans sa simplicité. C'est un espace où les pensées peuvent s'épanouir et se dénouer, un terrain de réflexion qui n'est soumis à aucune pression. Le tumulte de la vie quotidienne semble si loin dans ces instants où le corps s'engage dans un mouvement naturel et fluide, et l'esprit s'élève. Dans ce silence précieux, l'âme du coureur, libre et sans fard, trouve son propre espace pour se révéler.

À chaque pas, une dimension spirituelle se déploie. La solitude de la course n'est pas un isolement dans le vide, mais plutôt une rencontre avec soi-même dans sa forme la plus pure. Lorsque le coureur se laisse emporter par son effort, il entre dans un état presque méditatif. L'esprit, souvent hanté par les préoccupations quotidiennes, trouve un chemin vers la clarté. On s'éloigne des pensées envahissantes, des jugements extérieurs, et on se rapproche d'une forme de présence à soi-même. Le souffle régulier devient un ancrage, une manière de se synchroniser avec notre propre rythme intérieur.

Le simple fait de courir permet de se détacher de l'agitation externe et de se plonger dans une forme d'existence plus essentielle. Dans cette harmonie entre le corps et l'esprit, on touche quelque chose de plus profond.

Ces ponts jetés entre le corps et l'esprit permettent une sorte d'exploration. Quand le coureur se perd dans ses pensées ou s'attarde sur son souffle, il entre dans un état de pleine conscience. C'est là qu'il découvre que courir n'est pas qu'un simple moyen de se déplacer, mais une forme d'exploration de soi. Chaque pas devient une nouvelle possibilité de se comprendre, de se reconnecter à une version plus aboutie de lui-même. En se laissant aller à cette expérience, on se rend compte que la course, au-delà de la performance, est une forme d'existence brute, sans artifice, sans filtre.

La course, dans sa simplicité, révèle donc une profonde vérité : elle nous permet de nous retrouver dans un moment de total lâcher-prise. L'esprit, détaché des contraintes et des attentes, trouve un espace de liberté où il peut se redécouvrir, se comprendre dans son authenticité. Il n'y a plus de masque, plus de prétention. Courir, dans ce contexte, devient un acte de pure existence. Le corps et l'esprit ne font plus qu'un, une entité fluide où le mouvement physique libère l'esprit et où l'esprit guide le corps. Ce dialogue intérieur, dans sa simplicité, devient une forme de réconciliation avec soi-même.

Chaque course, chaque kilomètre parcouru, devient ainsi une occasion de se rapprocher de soi. Ce n'est pas simplement un moyen de se défouler, mais un acte où l'on s'autorise à être soi-même sans jugement, à ressentir notre humanité dans sa forme la plus brute. Ce processus de redécouverte se passe dans un espace sans bruit, sans pression, juste un corps en mouvement qui invite l'esprit à se recentrer. Cette expérience se fait souvent dans la solitude, mais c'est une solitude choisie, loin de l'isolement, car elle nous rapproche de nous-mêmes dans la plus grande simplicité.

Et c'est là que réside pureté de la course qui instaure ce : dialogue silencieux ouvrant un chemin vers la vérité intérieure. Chaque foulée est une question posée à soi-même, chaque respiration une réponse apportée. La fin de chaque course, ne marque pas une simple distance parcourue mais apparaît comme un moment de rencontre avec l'intime. La course est un moment de réflexion et de purification, elle est libératrice et bénéfique pour notre bien être mental et physique. C'est un espace où l'on peut se retrouver, se redécouvrir, et se réconcilier avec l'essence même de notre être.

La quête spirituelle du coureur.

Derrière chaque foulée, chaque pas posé avec détermination, derrière chaque sourire de satisfaction après un effort achevé, il y a une dimension plus profonde et souvent négligée de la course : une quête spirituelle. La course à pied, loin d'être simplement une activité physique ou un moyen d'améliorer sa condition corporelle, devient une introspection. Il ne s'agit pas seulement de muscler son corps ou de vaincre les kilomètres ; il s'agit de chercher, de ressentir, de se connecter avec quelque chose de plus grand que soi. Certains coureurs en parlent comme d'un moment de transcendance, une sorte d'expérience mystique qui les transporte bien au-delà du simple fait de courir. Ce phénomène, souvent désigné sous le nom de "flow", représente un état où tout semble parfaitement aligné : l'esprit, le corps, le souffle et le mouvement.

Cet état de flux est une expérience unique, où le coureur se trouve dans une harmonie parfaite avec lui-même, où chaque geste, chaque respiration, chaque foulée semble naturelle et évidente. Dans ces moments magiques, le corps s'élance sans effort apparent, et la pensée devient claire, détachée de toute tension ou souci. Le coureur se retrouve dans une zone de fluidité où l'effort physique ne se fait plus sentir comme une contrainte, mais comme une danse entre son corps et l'univers. L'effort est là, bien sûr, mais il devient une partie intégrante du moment, une extension naturelle de l'état d'être du coureur. Il n'y a plus de distinction entre celui qui court et ce qu'il fait ; il n'y a qu'un mouvement continu, une sensation d'être pleinement immergé dans l'expérience de la course, un état d'alignement où tout semble en parfait équilibre.

Mais au-delà de ce phénomène, il y a aussi une forme de quête spirituelle. Chaque course devient un voyage au cœur de soi, une manière de chercher une connexion plus profonde, de trouver un sens au-delà de la simple activité physique. Ce processus de recherche de soi n'est pas nécessairement visible, mais il est ressenti dans les moindres gestes et respirations. Courir, dans cette perspective, devient un moyen de se reconnecter à son essence, de trouver une sorte d'unité intérieure. Quand le corps entre dans son rythme, la pensée se dissipe. L'esprit, libéré des préoccupations quotidiennes, se recentre sur le mouvement, et le temps semble se dilater. Les frontières entre soi et le monde extérieur s'estompent, et une sensation de paix s'installe.

La spiritualité de la course réside dans cette capacité à transcender les limites habituelles de notre perception de la réalité. Lorsque le corps se meut en harmonie, l'esprit se libère de ses pensées incessantes et retrouve une forme de clarté profonde. Ce processus devient presque méditatif, un moyen d'accéder à une tranquillité intérieure que l'on ne trouve que dans le silence du mouvement. Certains coureurs, dans des moments de grande concentration, se retrouvent à ressentir une fusion entre eux-mêmes et l'univers, à percevoir leur place dans un tout plus vaste. C'est une sensation difficile à décrire, mais ceux qui l'ont vécue savent qu'elle est profondément réelle. Le coureur, dans son effort, ne cherche plus seulement à avancer. Il cherche à fusionner avec le moment, à se retrouver en harmonie avec le monde qui l'entoure.

Dans ces moments où le coureur entre dans un état de "flow", il atteint ce que certains appellent un état de grâce, un état d'unité entre son esprit et son corps. Ce n'est pas un accomplissement physique au sens traditionnel du terme, mais une expérience qui dépasse le corps. C'est une expérience de connexion, de résonance avec la nature, avec l'univers tout entier. Dans cet espace de liberté, le temps semble se dilater. Il n'y a plus de passé ni de futur, il n'y a que l'instant présent, dans toute sa splendeur. Les préoccupations disparaissent, et il ne reste que la sensation d'être, de vivre pleinement et consciemment.

Il est fascinant de constater que cet état de "flow", cette harmonie entre l'esprit et le corps, n'est pas simplement un phénomène psychologique. De nombreux coureurs parlent de la sensation de "samadhi" qui accompagne cet état de grâce. Le terme "samadhi", qui provient du bouddhisme, désigne un état de concentration profonde et méditative, où l'individu est totalement absorbé par le moment présent.

Pour un coureur, cela signifie entrer dans un état où la pensée cesse d'être directive et où le corps, guidé par sa propre intelligence, mène le processus. Le coureur se détache de toute volonté consciente. Il n'y a plus de pensées qui cherchent à atteindre un objectif précis. Il n'y a plus de lutte avec soi-même, juste une fusion entre le geste et l'intention. C'est un acte pur de présence, une expérience dans laquelle l'effort physique est transcendé par la pleine immersion dans l'instant.

Ce phénomène de fusion entre le corps peut apparaître comme une sorte de libération intérieure. Dans ces moments d'extase, le coureur ne fait plus qu'un avec la course, et la course elle-même devient une évocation de la vie. Courir devient un acte spirituel, une recherche de soi, un retour à une forme d'authenticité et de pureté. L'effort devient une forme de méditation active, où chaque pas, chaque respiration, chaque mouvement, est une manière de se reconnecter à soi, de retrouver un sens plus profond de l'existence.

Ainsi, la quête spirituelle du coureur ne réside pas simplement dans la recherche de la performance ou de la vitesse. Elle réside dans ce processus de réconciliation avec soi-même, dans cette capacité à se libérer des éléments de la vie quotidienne et à trouver une forme de paix intérieure qui ne dépend que du moment présent. Courir devient un acte sacré, un chemin vers la vérité, où le corps et l'esprit, unis dans un même élan, sont les instruments de cette exploration spirituelle. C'est une quête infinie qui, à chaque course, nous rapproche un peu plus de l'essence de ce que nous sommes.

Le coureur et sa quête de vérité.

Le coureur, en s'engageant dans la course, se lance également dans une quête de vérité. Toutes ses foulées, tous ses mouvements le conduisent à une confrontation profonde avec lui-même. Il ne court pas seulement pour se rendre d'un endroit vers un autre, mais pour comprendre ce que signifie véritablement être vivant, pour se mesurer à ses propres limites, à ses doutes et à ses peurs. La course devient ainsi un chemin vers la vérité, une vérité qui n'est ni idéale ni embellie, mais brute, réelle, sans fard ni artifice. Dans l'effort, il n'y a pas de masque que l'on puisse porter ; il n'y a que l'authenticité de ce que l'on est dans l'instant.

En action, le coureur se confronte à son propre corps, à ses faiblesses et à ses forces, dans une forme de dialogue silencieux. Il avance, parfois dans la douleur, parfois dans la facilité, mais toujours dans une recherche de soi. La course est un miroir dans lequel il peut se voir tel qu'il est réellement, sans filtres ni illusions. Ce face-à-face avec soi-même devient l'un des aspects les plus puissants de l'expérience du coureur. Contrairement à d'autres domaines de la vie où l'on se cache souvent derrière des rôles ou des attentes, courir nous pousse à laisser tomber ces artifices. C'est un moment où l'on peut être véritablement soi-même, sans prétention, sans compromis.

Il est fascinant de constater que la course permet souvent de découvrir des facettes de notre personnalité que nous ne connaissions pas, ou que nous n'avions pas encore pleinement acceptées. Parfois, courir révèle une résilience inattendue, une force intérieure que l'on ne soupçonnait pas en soi. Lorsqu'on se trouve dans un moment difficile, lorsqu'on ressent la fatigue, la douleur ou l'incertitude, la course offre l'opportunité de découvrir des ressources insoupçonnées. C'est dans cette lutte contre soi-même, dans cette exploration de ses propres limites, que l'on trouve une forme de vérité personnelle. On se rend compte que, malgré la souffrance ou l'inconfort, on est capable de plus que ce que l'on pensait. C'est un moment de révélation où l'on dépasse ses attentes et ses peurs pour atteindre quelque chose de plus grand.

Mais la course n'est pas uniquement une source de force. Elle révèle aussi des fragilités que l'on n'avait peut-être pas pleinement intégrées. Parfois, en courant, on se retrouve confronté à des limites physiques ou mentales que l'on n'avait pas acceptées auparavant. Ces moments de vulnérabilité font partie intégrante de la quête de vérité du coureur. Ce n'est pas dans la victoire ou la performance que réside la vérité, mais dans l'acceptation de ses propres faiblesses, dans l'honnêteté d'admettre que, parfois, on ne peut pas tout contrôler. Cependant, plutôt que de fuir ces fragilités, la course nous invite à les regarder en face, à les accepter, et parfois à les transcender. C'est dans cette confrontation, parfois douloureuse, que réside la véritable beauté de la course, car elle permet de nous redéfinir en fonction de ce que nous découvrons sur nous-mêmes.

Le silence qui accompagne la course joue un rôle fondamental dans cette quête de vérité. Lorsqu'on court, surtout lorsqu'on court seul, l'agitation du monde extérieur disparaît peu à peu. Les bruits de la vie quotidienne s'estompent, tout comme les attentes des autres, les jugements, et les rôles sociaux que l'on joue. Ce qui reste, c'est une pureté presque primordiale. Le coureur, débarrassé des signaux extérieurs, peut alors se recentrer sur lui-même, sur ce qu'il ressent vraiment, sur ce qu'il est au fond de lui. C'est une expérience de retour à l'essentiel, de dépouillement de tout ce qui est superflu. Et dans ce retour à la simplicité, il trouve une forme de paix intérieure. Il n'y a plus de compétition, plus de pression extérieure, il n'y a que lui et son corps en mouvement.

Cette pureté, cette simplicité retrouvée dans la course, donne à l'activité une dimension spirituelle profonde. Elle devient un moment où le coureur se reconnecte à son essence, à sa vérité la plus intime. Il n'est plus le produit de ses rôles sociaux ou de ses obligations extérieures. Il est, tout simplement. Courir devient ainsi une forme de méditation dynamique, une manière de se libérer de toutes les constructions extérieures pour toucher à une vérité plus universelle, plus universelle. Dans ce silence intérieur, dans cette immersion totale dans l'effort et le souffle, le coureur entre en contact avec ce qu'il est vraiment.

Chaque course devient ainsi une occasion de se découvrir, de se réinventer, et de se réconcilier avec soi-même. Ce processus, à la fois physique et spirituel, nous permet de mieux comprendre qui nous sommes et ce que nous recherchons. La quête de vérité, dans le contexte de la course, n'est pas simplement une recherche d'amélioration personnelle ou de performance. C'est une exploration profonde de ce qui réside au-delà des apparences, au-delà des façades que l'on construit pour naviguer dans le monde. En courant, le coureur se libère de ces artifices et se confronte à la vérité brute de son être, une vérité qui ne se trouve que dans l'effort, dans le silence et dans la présence totale à soi. Et c'est dans cette quête de vérité que réside la véritable essence de la course.

L'âme du coureur et la transformation intérieure.

Il est fascinant d'observer la profonde transformation que subit le coureur à travers la pratique régulière de la course, une transformation qui dépasse largement le cadre physique. Si l'on se concentre d'abord sur les aspects physiques de la course, il est évident que l'effort répété, la régularité dans l'entraînement, la persévérance face aux difficultés, l'acceptation de la douleur et de la fatigue contribuent à renforcer le corps. Les muscles se tonifient, l'endurance s'améliore, la silhouette se dessine. Cependant, cette transformation extérieure n'est que la surface d'un changement bien plus profond, qui opère sur un plan beaucoup plus intérieur. Ce qui commence comme un simple défi physique se transforme en une véritable quête intérieure. La course devient un moyen de façonner l'âme, de développer un caractère forgé dans l'effort et la constance. Ce n'est plus simplement une question de performance ou de compétition, mais de rencontre avec soi-même, de compréhension de ses limites, de ses résistances et de ses aspirations les plus profondes.

Au fur et à mesure que le coureur s'engage dans cette aventure, il apprend à faire face aux épreuves avec une sérénité qui transcende la souffrance. Le processus de transformation intérieure commence lorsque le coureur se libère du poids de la performance, lorsqu'il cesse de se focaliser sur les résultats, qu'il s'agisse de battre un chrono ou d'atteindre une certaine distance. Dès qu'il délaisse cet objectif extérieur, il découvre un autre aspect de la course : l'expérience pure du mouvement, le rythme naturel du souffle, la fluidité des gestes. C'est à ce moment précis que la véritable nature de la course, et par extension de la vie, se révèle. Au lieu de chercher à dominer l'effort ou à le maîtriser, le coureur accepte l'expérience dans sa totalité, avec ses hauts et ses bas, ses moments de facilité et ses périodes de souffrance. Dans cet acte d'abandon, de lâcher-prise, il trouve une forme de sagesse, une forme d'équilibre intérieur. La course n'est plus perçue comme un combat contre la douleur, mais comme un chemin vers l'harmonie.

La transformation intérieure que la course initie n'est pas simplement une question de développement personnel, mais un cheminement vers une plus grande acceptation de soi. En progressant, le coureur apprend à se connaître de manière plus intime, à reconnaître et à accepter ses faiblesses, ses limites, mais aussi à célébrer ses forces et ses capacités. La souffrance devient un outil de croissance, non pas un obstacle insurmontable. En affrontant la fatigue, en surmontant l'inconfort, en acceptant les moments de doute et de découragement, il prend conscience de sa résilience, de sa capacité à persévérer même lorsque tout semble lui dire de s'arrêter. La course devient ainsi un lieu privilégié où le coureur entre en contact avec sa propre vulnérabilité, et où, paradoxalement, cette vulnérabilité devient une source de puissance intérieure. Il apprend à écouter son corps, à comprendre ses besoins, ses limites, mais aussi à cultiver un esprit de confiance en soi, d'acceptation de ce qui est, sans chercher à fuir ou à éviter la réalité de l'effort.

Ce cheminement intérieur mène finalement à une quête d'harmonie. L'âme du coureur n'est pas simplement nourrie par la performance ou par la conquête de soi dans le sens d'une victoire contre soi-même. Au contraire, la véritable essence de cette transformation réside dans l'équilibre que le coureur parvient à atteindre. C'est dans l'acceptation des hauts et des bas de l'effort, dans la reconnaissance que la course est un voyage fait de moments de joie intense et de périodes de doute ou de fatigue, que le coureur trouve une forme de paix intérieure. La course devient un reflet de la vie elle-même, faite de cycles, de rythmes et de changements constants, et c'est cette acceptation de la nature fluide de l'existence qui constitue le véritable secret de la transformation intérieure du coureur.

Dans cette quête d'harmonie, le coureur ne cherche pas à devenir une meilleure version de lui-même dans le sens classique du terme, mais à trouver un équilibre entre l'effort et le lâcher-prise, entre la volonté de progresser et la sagesse de reconnaître ses limites. Ce chemin de maturation intérieure est un processus constant, une quête qui ne connaît ni fin ni arrivée.

Chaque course, chaque foulée, devient une opportunité pour le coureur de réinventer son rapport à lui-même et à l'effort. La course n'est plus seulement un sport, mais une pratique spirituelle, un acte d'exploration intérieure. Dans ce mouvement, dans ce souffle, le coureur trouve sa vérité personnelle et son propre équilibre. Et dans cette quête incessante, l'âme du coureur se transforme, se raffine, et trouve un chemin vers la sérénité et la sagesse.

La course comme rite initiatique.

Pour certains, la course devient un véritable rite initiatique, un processus de transformation profonde et de redécouverte de soi. Tout comme un voyage initiatique, la course impose au coureur de se confronter à des épreuves, de traverser des moments de doute et de lutte intérieure. Dès les premières foulées, l'engagement dans cette pratique devient une invitation à sortir de sa zone de confort, à se mettre au défi, à affronter ses peurs et ses limites. Chaque course est ainsi une traversée symbolique, un cheminement intérieur où le corps et l'esprit sont poussés à évoluer, à se réinventer. À chaque étape du parcours, qu'il s'agisse de franchir une nouvelle distance, de repousser ses limites ou de surmonter une fatigue intense, le coureur apprend. Il grandit dans sa perception de lui-même, dans son rapport à l'effort, à la douleur, à la persévérance. Ces défis, parfois difficiles à surmonter, deviennent des étapes essentielles sur le chemin vers une version plus complète et plus consciente de lui-même. La course, par ses exigences physiques et mentales, initie le coureur à la résilience, à la maîtrise de soi, et à l'acceptation de ce qui est. Ce processus de transformation se déroule sur la route, où la foulée devient synonyme de progression personnelle.

Ce rite initiatique que représente la course permet de libérer des ressources insoupçonnées, et au fur et à mesure de l'expérience, une forme de sagesse émerge. Au-delà du simple défi physique la course offre une voie vers une meilleure compréhension de soi, un cheminement spirituel et émotionnel conduisant à une plus grande maturité intérieure. Le coureur, au fur et à mesure de sa pratique, dépasse les obstacles extérieurs pour entrer dans une quête plus profonde de sens et de vérité. Le corps, fatigué et mis à l'épreuve, devient un véhicule de transformation, un outil de purification intérieure. Le coureur n'est plus seulement en quête de performance, mais d'une version de lui-même plus vraie, plus apaisée. Ce rite initiatique le guide vers la reconnaissance de ses limites et de ses forces, mais aussi vers une compréhension plus fine de son équilibre intérieur.

Dans ce voyage initiatique, la route, avec ses défis et ses obstacles, devient une métaphore puissante de la vie elle-même. Chaque distance parcourue est le reflet des étapes que nous traversons au cours de notre existence, et chaque obstacle franchi symbolise les défis auxquels nous sommes confrontés, tant sur le plan physique que psychologique. La course, avec sa répétition de mouvements et son engagement profond, devient un miroir dans lequel le coureur peut voir sa propre âme. C'est là que le coureur fait face à ses aspirations, ses désirs, mais aussi à ses limitations et ses peurs. C'est dans ce face-à-face avec soi-même que se déploie l'essence de la transformation initiatique. Le chemin parcouru, aussi éprouvant soit-il, devient un moyen d'explorer les recoins les plus profonds de l'être, et chaque nouvelle course devient un moyen de réconcilier les oppositions intérieures : entre le désir d'aller plus loin et la reconnaissance des limites physiques, entre l'ambition de réussir et l'acceptation de l'imperfection du moment présent.

Ainsi, la course, à travers ses épreuves et ses moments de doute, devient un processus de guérison intérieure. C'est dans la confrontation avec la douleur, la fatigue, et l'incertitude que le coureur trouve une forme d'équilibre. La course initie le coureur à la résilience, à la capacité de se relever après un échec, à la sagesse de savoir quand pousser et quand accepter le moment de pause. Elle enseigne à reconnaître et à respecter ses propres limites tout en étant capable de se dépasser. Et c'est dans cette dynamique que la course trouve sa véritable profondeur : elle devient un chemin vers la réconciliation de soi, une manière d'enlacer l'instant présent, tout en avançant vers une version plus équilibrée de soi-même.

La quête de l'âme du coureur.

L'âme du coureur est une quête silencieuse, une recherche de vérité qui ne se trouve pas dans les mots, mais dans chaque foulée, chaque souffle, chaque pensée qui traverse l'esprit pendant l'effort. C'est un dialogue profond avec soi-même où, pour un instant, on touche à l'essence de notre humanité. Dans la simplicité du mouvement, la course révèle une vérité fondamentale : notre beauté, notre fragilité, et notre capacité à transcender nos limites. Elle devient un acte d'émancipation, un rituel spirituel où, loin des attentes extérieures, l'on plonge au cœur de soi-même. Chaque pas est une invitation à accepter pleinement ce que l'on est, à embrasser nos forces comme nos faiblesses, et à se réconcilier avec l'invisible qui nous anime.

La quête de l'âme du coureur, c'est celle de l'authenticité, une recherche constante pour se reconnecter à ce qui nous rend profondément humains

4.

Courir pour exister.

Chaque pas résonne comme une affirmation : "Je suis là". Courir, c'est s'inscrire dans l'instant présent, c'est ressentir pleinement sa présence dans un monde en mouvement. Loin d'être une simple activité, la course devient une manière de revendiquer son existence, de se prouver que l'on est capable de repousser les limites du corps et de l'esprit. On court pour soi, pour sentir son cœur battre, pour exister au-delà du quotidien.

La course comme affirmation de soi.

Courir n'est pas un simple moyen de se déplacer. C'est un acte profondément incarné, une véritable déclaration de présence. À chaque foulée, le coureur engage son corps et son esprit dans un processus qui transcende le mouvement physique, revendiquant son existence. Dans cette dynamique, il ne s'agit pas seulement de rejoindre un objectif ou de performer. La course devient une manière d'affirmer son droit à la vie, de marquer, de façon silencieuse mais indiscutable, sa place dans le monde. L'individu réaffirme sa vitalité, sa capacité à être et à exister pleinement dans l'instant.

En mettant entre parenthèse au moins pour un moment la quête de productivité, la surcharge d'informations, et les attentes externes dictent souvent le rythme de sa vie, le coureur s'offre un répit et se recentre sur le capital. C'est un retour à la simplicité du corps, un corps qui s'élance, qui respire, qui se donne. Loin des distractions, des urgences et des pressions sociales, courir nous reconnecte à nous-mêmes, nous invite à éprouver, à travers notre propre mouvement, que nous sommes encore là, vivants et présents. Chaque étape parcourue devient une forme de résistance contre l'immobilisme qui domine souvent dans le quotidien, contre l'inertie du monde moderne qui nous enferme dans des habitudes et des automatismes. La course devient ainsi une contestation silencieuse mais puissante contre la sédentarité imposée, une affirmation de liberté, un appel à vivre et à expérimenter pleinement.

Dans cet acte de courir, il y a une réaffirmation de notre humanité. C'est un geste fondamental : choisir de bouger, de s'engager dans l'effort, c'est déjà revendiquer sa place, sa capacité à vivre activement. Dans un monde souvent emporté par le tumulte des attentes et des préoccupations extérieures, la course permet de retrouver un ancrage essentiel. Elle offre un retour à soi, un moment d'introspection où l'on se redécouvre comme acteur de sa propre existence. Ce n'est pas seulement le corps qui avance sur le terrain, mais aussi l'esprit qui s'affirme et se libère. Le coureur choisit d'exister, de prendre part activement à sa propre vie, de se mouvoir dans un monde où la passivité est trop souvent la norme.

À travers cette action, qui pourrait sembler simple, se cache une profonde affirmation de l'individu. Loin de chercher à remplir une tâche imposée ou à répondre à une exigence extérieure, courir un moment où l'on choisit de vivre sans se soumettre aux attentes, aux jugements. C'est un geste intime, presque sacré, qui nous rappelle que, malgré les obstacles ou les contraintes, nous avons le pouvoir de décider de notre présence dans ce monde. Chaque course devient ainsi une victoire en soi, un acte radical de réaffirmation de la vie, de l'existence, et de la capacité à choisir son propre chemin.

Dans cette quête de soi, courir devient un moyen de se rappeler que l'on n'est pas seulement un être passif, consommateur de biens ou d'images, mais un être actif, capable de se mouvoir et de s'engager pleinement dans son environnement. Ce n'est pas seulement le corps qui court, mais aussi une conscience de soi qui se libère des attentes pour se redécouvrir dans sa pureté. Courir devient ainsi un moyen de se détacher des contraintes externes et de se recentrer sur ce qui fait réellement sens pour soi. C'est une manière de se réapproprier son existence, de reprendre en main son corps et son esprit, de se souvenir que, dans le simple geste de courir, réside une immense force intérieure.

Courir, en somme, est un acte existentiel, une manière de dire « je suis », « je vis », et « je choisis ». Ce n'est pas simplement une activité physique, mais un moyen profond de s'épanouir, d'expérimenter sa propre vitalité, et d'affirmer sa place dans un monde qui, parfois, semble nous pousser à oublier notre puissance personnelle. Dans l'effort, dans la sueur, dans les souffles réguliers, il y a une célébration de la vie, une reconnaissance du corps comme instrument de développement personnel et de mouvement. Chaque pas posé est une façon de dire que, contre vents et marées, nous existons et nous agissons.

Le besoin vital de mouvement.

Depuis les origines de l'humanité, le mouvement est inscrit dans nos gènes. Le corps humain a été façonné pour se mouvoir, pour courir, marcher, explorer. À l'aube de notre existence, dans la préhistoire, la course était bien plus qu'un sport ou un loisir, elle était une question de survie. Elle permettait à nos ancêtres de fuir le danger ou de chasser la proie qui assurait leur subsistance. Courir était un acte vital, une nécessité imposée par les défis constants du monde sauvage. Le besoin de mouvement était, et reste, une partie intégrante de notre nature.

Pourtant, à mesure que les siècles ont passé et que nos sociétés ont évolué, ce besoin vital s'est peu à peu éclipsé. Nos vies modernes, dominées par la technologie et les commodités de la sédentarité, nous ont poussés à adopter des rythmes de vie de plus en plus immobiles. Le travail de bureau, les déplacements en voiture, les loisirs passifs, tout nous incite à nous asseoir, à rester figés dans un même espace. Et malgré cela, notre corps, profondément marqué par des millénaires de mouvement, continue de ressentir ce besoin fondamental de se déplacer. Nous avons été conçus pour avancer, pour explorer, pour bouger, et pourtant, cette exigence de notre anatomie se heurte de plus en plus à un mode de vie figé, figé dans une routine où le mouvement devient l'exception plutôt que la règle.

Courir nous rappelle ce lien primitif avec notre passé, ce besoin viscéral de mouvement. Courir, c'est renouer avec cette vérité oubliée : notre corps a été conçu pour bouger, pour avancer. Loin d'être un luxe ou une activité secondaire, courir devient un moyen de remplir un vide profond, de répondre à cette impulsion intérieure de nous déplacer, de nous dépenser, d'échapper à l'immobilité. Chaque foulée est un rappel du potentiel dynamique de notre corps, une invitation à lui donner la liberté de s'exprimer, de s'épanouir à travers le mouvement. Plus qu'un simple geste mécanique, courir devient une affirmation de ce qui fait de nous des êtres vivants, incarnés, en perpétuelle évolution.

Dans le monde moderne, la sédentarité devient un piège subtil. Nous nous perdons dans la lente accumulation des heures passées assis, absorbés par des tâches de plus en plus statiques. Notre corps, à force de rester figé dans une position, subit des tensions, des raideurs, une lente atrophie de ses capacités naturelles. Et pourtant, dès que nous nous permettons de bouger, quelque chose se réveille en nous. Le souffle devient plus profond, le sang circule avec plus de vigueur, et une énergie nouvelle se diffuse dans chaque fibre de notre être. La course, par son caractère fluide et rythmé, est l'un des moyens les plus directs pour retrouver cette sensation de liberté corporelle. Elle ne se limite pas à une simple dépense d'énergie ; elle réactive une mémoire corporelle ancestrale, une pulsion de vie, un besoin primal qui ne peut être ignoré sans conséquences sur notre bien-être.

Le coureur incarne parfaitement cette idée du besoin vital de mouvement. Il ne court pas seulement pour accomplir un objectif physique comme une distance ou un temps. Non, il court aussi pour exister pleinement, pour honorer cette pulsion intérieure qui réclame de se mouvoir. Chaque course devient un acte symbolique de réaffirmation, un instant de revendication de son droit au mouvement, au changement, à la transformation. Car courir, c'est se libérer des chaînes de l'immobilité et embrasser le flux naturel de l'énergie corporelle. C'est un acte de résistance, un refus de se laisser enfermer dans un quotidien sédentaire où l'on devient étranger à son propre corps. Courir, c'est remplir un espace, une zone de vide, avec une action pleine de sens. Ce n'est pas simplement franchir une ligne d'arrivée, mais bien occuper pleinement l'espace entre deux points, faire corps avec le trajet. C'est une manière de se réapproprier son espace, de s'affirmer dans une société où l'immobilité semble régner en maître. Courir devient alors un geste de libération qui nous reconnecte à la force originelle de notre corps. Loin de se limiter à une question de performance physique, la course devient une véritable quête intérieure, une manière de sentir que l'on existe, que l'on est présent dans chaque instant.

Il ne s'agit pas seulement de courir pour l'effort, mais de courir pour honorer notre nature profonde. Chaque pas nous rapproche un peu plus de cette vérité essentielle : le mouvement est vital pour notre équilibre, pour notre santé, et surtout, pour notre bien-être spirituel. En répondant à cet appel primal, nous retrouvons une forme de puissance intérieure et une capacité à transformer notre corps et notre esprit. La course n'est pas simplement un moyen de fuir l'immobilité ; elle est un moyen de vivre, de ressentir profondément ce qui nous rend humains.

Le mouvement comme acte de liberté.

Au sein d'un univers où les attentes de la société et les normes collectives semblent parfois écraser l'individualité, courir devient un acte fondamental de liberté personnelle. Chaque foulée que fait le coureur est un acte d'émancipation, une déclaration silencieuse contre les contraintes qui nous entourent. Dépassant la simple fonction de dépassement, la course devient un véritable choix, un engagement volontaire à libérer son corps et son esprit des carcans imposés par la société. À chaque pas, le coureur prend le contrôle de son existence, réaffirmant sa capacité à se mouvoir librement, à décider de son propre chemin, sans compromis. Ce mouvement, qui peut sembler aussi simple que naturel, devient ainsi une forme de résistance puissante face à l'inertie du monde moderne. La course offre une échappatoire, un espace où l'individu peut se détacher de la passivité ambiante. Le coureur, par son seul geste, défie l'obligation de rester figé, dans une posture passive dictée par les normes sociales. Il choisit d'affirmer son existence, de se libérer de la contrainte, de se lancer sur une trajectoire qu'il a choisie, qu'il possède, sans rendre de comptes.

Les lieux où le coureur évolue, qu'il s'agisse d'un parc en ville, d'une rue déserte, ou d'un sentier de montagne, deviennent des territoires de liberté. Ces espaces sont d'autant plus puissants qu'ils sont loin des contraintes imposées par la société. Loin des regards, loin des jugements, le coureur est seul avec lui-même, maître de son environnement et de ses actions. Ces territoires deviennent des lieux d'affranchissement où le coureur peut échapper aux règles sociales qui gouvernent généralement ses interactions. Courir devient ainsi un acte radical de retour à soi, une manière de reprendre possession de son corps et de son esprit, de le redéfinir selon ses propres règles.

En courant, le coureur ne suit plus les chemins tracés par d'autres. Il prend possession de sa trajectoire, de son rythme, et de son souffle. Chaque foulée est un pas vers une autonomie plus profonde, un rejet des contraintes qui freinent souvent l'expression libre de soi. Cette autonomie n'est pas simplement physique ; elle est aussi spirituelle et mentale. Courir, c'est choisir de continuer à avancer malgré les obstacles, malgré la fatigue, et même parfois malgré la peur.

Chaque course, dans cette optique, devient une illustration de la quête de liberté intérieure. Elle incarne un voyage personnel, où l'individu choisit de se confronter à ses propres limites, de les repousser, de les surmonter. Au-delà du défi physique, il s'agit d'un cheminement intérieur, un processus de réaffirmation de soi, de ses choix, et de ses désirs. En cela, la course devient une expérience vraie, sans compromis, où le coureur se réalise pleinement, en dehors des attentes et des conditionnements imposés par l'extérieur.

Ainsi, le pas du coureur est un acte d'insoumission douce, un rejet des chaînes invisibles de la société. En refusant l'immobilité, en choisissant de se mouvoir librement, il redonne au mouvement sa véritable puissance : celle d'être un acte d'affirmation personnelle, une déclaration de la liberté qui réside en nous. Courir devient alors un acte fondamental d'autonomie, une façon de s'exprimer de manière authentique, sans compromis, et sans se soumettre aux dictats extérieurs. C'est l'essence même de la liberté retrouvée.

L'existence comme voyage.

La course, dans sa dimension la plus profonde, offre bien plus qu'un simple moyen de se mouvoir mais devient une exploration intime de la vie elle-même. C'est un reflet de l'expérience humaine, une avancée qui, tout en nous rapprochant de la ligne d'arrivée, nous rapproche aussi de nous-mêmes. Cette expérience linéaire, où le temps se dilate et le corps se transforme, incarne un principe fondamental, celui du refus de la destinée figée. Courir, tout comme vivre, n'est pas tant une quête de but ultime, mais une invitation à savourer l'instant, à pleinement exister à chaque pas.

Ce voyage dans lequel nous nous engageons lorsque nous enfilons nos chaussures de course est aussi mental et spirituel. La course devient un chemin d'apprentissage. Tout comme dans la vie, nous ne connaissons pas le parcours à l'avance. Nous faisons face à des imprévus, des moments de fatigue, de doute, mais aussi à des éclats de joie, de dépassement de soi, de satisfaction intense. Le coureur vit une aventure personnelle et unique, un passage où les limites sont repoussées, mais où, paradoxalement, c'est aussi dans la vulnérabilité qu'il trouve une forme de satisfaction. Il apprend à accepter les obstacles, à embrasser l'incertitude et à avancer avec foi, même lorsque l'inconnu semble imposant.

Dans ce voyage de la course, il n'y a pas de promesse d'une arrivée rapide ou facile. Le véritable sens du voyage réside dans la transformation continue, dans le cheminement vers une version plus profonde de soi-même. Le coureur se lance dans cette aventure avec l'intention de se découvrir, de se surpasser, mais surtout de jouir de chaque moment du voyage. L'objectif n'est pas d'atteindre un point précis, mais d'embrasser la beauté du processus : chaque étape, chaque difficulté rencontrée, chaque victoire – qu'elle soit grande ou petite – devient une leçon sur ce que cela signifie être vivant. Ce n'est pas le fait d'atteindre une ligne d'arrivée qui confère un sens à l'acte de courir, mais la manière dont nous choisissons de vivre le voyage.

Dans cette perspective, courir devient une image de la vie elle-même. Le parcours ressemble à une réflexion sur La destinée humaine. Tout comme dans la vie, le coureur fait face à des incertitudes, à des défis qui semblent insurmontables, à des moments de doute où la fatigue prend le dessus. Et pourtant, chaque pas est une affirmation de sa volonté de continuer, de persévérer. Le voyage dans lequel le coureur s'engage est profondément personnel et unique, mais aussi universel. Chacun d'entre nous, dans sa propre course, traverse des étapes semblables, des moments d'euphorie, des périodes de souffrance, des passages où l'on se questionne sur la signification même de ce que l'on fait.

Le voyage de la course n'est donc pas seulement une question de distance parcourue ou de temps battu, mais bien de transformation intérieure. Il nous enseigne que le véritable accomplissement ne réside pas dans la destination, mais dans la manière dont nous nous engageons dans chaque étape du processus. En cela, courir devient une expérience enrichissante, une manière de prendre le temps de s'écouter, de se connaître, d'évoluer. La course, allégorie de la vie, nous permet de découvrir des aspects insoupçonnés de soi, d'apprendre à se dépasser, de se réinventer. Ce voyage nous enseigne à apprécier l'instant, à célébrer le chemin parcouru, et à ne jamais oublier que, parfois, ce sont les moments de souffrance et de doute qui forgent notre caractère et notre résilience.

La course devient ainsi un miroir de la vie, où chaque mouvement fait écho à ce que nous vivons au quotidien. C'est un voyage de découverte de soi, un cheminement dans lequel nous apprenons à accepter nos limites tout en repoussant celles-ci, à avancer sans toujours savoir où le parcours nous mènera. Cette incertitude fait partie du voyage, elle lui donne du sens. À travers la course, le coureur entre en résonance avec l'essence même de l'existence : une quête sans fin, un cheminement vers soi, vers l'autre, vers l'inconnu. Car en fin de compte, c'est dans cette marche continuelle que réside la beauté de la vie elle-même. Ce n'est pas la destination qui compte, mais le fait de savourer chaque pas, chaque instant, chaque battement de cœur.

La quête de sens à travers la course.

Après des années de pratique, certains coureurs affirment qu'en courant, ils trouvent un sens plus profond à leur existence. Dans le bruit des pas sur le sol, dans le rythme de leur souffle, ils semblent pouvoir se libérer des pensées superficielles, des préoccupations banales qui encombrent leur esprit au quotidien. La course leur permet de se concentrer sur le mouvement pur, sur la fluidité de chaque foulée, sur l'équilibre du corps en pleine action. Dans cet instant de pleine conscience, l'esprit se clarifie et s'apaise. Le coureur se sent comme débarrassé de tout excédent mental, comme un essentiel retrouvé. Loin de tout ce qui peut l'encombrer, il retrouve cette sensation de pureté, de simplicité, cette sensation de se reconnecter à une forme d'humanité plus primordiale. C'est comme si la course était le moyen de retrouver un état naturel, au-delà des constructions et des conditionnements imposés par la société moderne.

Cette quête de simplicité et de vérité à travers la course est une expérience profondément intérieure. Le coureur ressent un retour à lui-même, à son corps et à son souffle. Le mouvement qui l'entraîne est une exploration directe de l'être, une résonance avec la vérité fondamentale de l'existence : celle d'être vivant, de bouger, de sentir, d'exister. La course devient alors une pratique spirituelle, non dans un sens religieux, mais dans une recherche profonde de ce qui fait l'essence même de l'être humain. C'est un retour à l'origine, un rapprochement avec ce qui nous fait humains, avec ce qui réside au fond de nous, au-delà des aléas, des préoccupations et des faux-semblants de la vie quotidienne.

Cette quête de sens à travers la course est une forme de purification. Les pensées qui habitent le coureur s'apaisent progressivement. La course lui permet de se débarrasser des fardeaux de l'esprit, d'éliminer l'inutile et les inquiétudes pour se concentrer sur l'essentiel :sa course, le mouvement du corps, le souffle qui entre et sort, l'instant présent. La course devient ainsi un lieu où le coureur se libère des superflus et peut se retrouver dans sa forme la plus authentique. Chaque course devient une sorte de rituel, et permet de se réconcilier avec soi-même. À chaque foulée, il se rapproche un peu plus de ce qui est vraiment important, de ce qui résonne au plus profond de son être.

Le coureur qui court pour trouver un sens dans sa vie se rapproche ainsi de la vérité universelle de l'existence. Cette vérité ne se trouve pas dans des concepts abstraits ou dans des idéologies imposées par la société, mais dans l'expérience brute de l'être, dans la sensation de bouger, de vivre, de respirer. Courir, dans ce contexte, devient un moyen de s'engager pleinement dans l'acte d'exister, de retrouver une forme de sens qui échappe aux frénésies de la vie moderne. Le mouvement devient une exploration de la condition humaine : la douleur, la fatigue, la joie, l'effort, l'accomplissement. La course permet au coureur de se confronter à ces réalités de manière directe et sans artifice. Il apprend à vivre avec ses limites, à accepter sa propre fragilité, mais aussi à ressentir pleinement ses forces et ses capacités.

La quête de sens à travers la course est une quête personnelle, mais aussi collective. Même si chaque coureur vit son expérience de manière intime et unique, il se connecte à une vérité universelle. Courir, c'est aussi participer à cette humanité commune, cette recherche de sens partagée par tous. C'est un moyen de dépasser les frontières de l'individu pour se retrouver dans un espace où l'on est en résonance avec les autres, même dans l'effort solitaire. Il n'y a pas de frontières entre les coureurs : chacun vit son voyage intérieur, mais ce voyage est aussi une forme de connexion, un témoignage de la recherche commune du sens de la vie.

Enfin, chaque course devient une exploration continue. Ce n'est pas une quête dont on connaît à l'avance la fin, mais un chemin sans fin, un chemin de transformation, de découverte. Ce chemin, bien qu'initié par un simple mouvement du corps, devient un véritable voyage spirituel. Le coureur apprend non seulement à se connaître, mais également à saisir l'importance de chaque instant de sa vie. Courir devient ainsi un acte de contemplation, de recherche d'équilibre et de sérénité dans un monde qui semble souvent trop rapide, trop bruyant, trop rempli de tentations. Le coureur trouve une signification au-delà de la performance, au-delà de la simple recherche d'un résultat. Il trouve un sens qui est ancré dans l'expérience du moment, dans l'engagement total de son corps et de son esprit à être là, à exister.

Courir pour dépasser la morosité de l'existence.

Dans notre monde actuel, l'existence semble souvent marquée par une succession de stress, de contraintes, et de frustrations. Les exigences du quotidien, les attentes de la société, les préoccupations professionnelles et personnelles pèsent lourdement sur les individus, créant une forme de morosité existentielle. Cette monotonie peut étouffer l'enthousiasme, écraser la joie de vivre et parfois même conduire à une forme de résignation. Pourtant, il existe un moyen puissant de briser ce cycle de pesanteur : la course. Courir devient alors un acte salvateur, une réponse directe aux défis de l'existence. C'est une manière de prendre les devants face à la vie, de ne pas se laisser submerger par les difficultés, mais de les affronter avec force et détermination. En courant, l'individu se réapproprie son existence, il se rappelle que, malgré les obstacles, il a le pouvoir de se relever, de se mettre en mouvement, de choisir de continuer malgré la fatigue et les moments de doute.

C'est alors que lorsque les muscles brûlent et que l'épuisement menace de prendre le dessus qu'il existe une forme de plaisir caché dans la persévérance. Ce plaisir ne réside pas dans la douleur elle-même, mais dans la prise de conscience que l'on est capable de la surmonter. Le coureur, dans ces moments où la fatigue semble insurmontable, découvre une force intérieure insoupçonnée. C'est comme si, à travers chaque foulée, il accédait à une dimension de lui-même qu'il ignorait, une force profonde qui lui permet de dépasser ses limites, de repousser l'inertie du corps et de l'esprit. Dans ce processus de dépassement, la course devient un terrain d'épanouissement personnel. Elle permet au coureur de prendre conscience de sa capacité à supporter l'effort, à traverser la douleur et à avancer sans se laisser abattre par les épreuves. Ce retour à la force intérieure, cette confiance en soi qui se développe au fil de l'effort, devient une véritable source d'énergie et de renouveau.

Courir, malgré la douleur, malgré la difficulté, est en soi une affirmation de la vie. Chaque foulée devient une proclamation silencieuse, mais profonde, de la volonté de vivre, de la capacité à persévérer même dans l'adversité. Il ne s'agit pas simplement de faire face à une fatigue physique, mais de se confronter à la fatigue mentale et émotionnelle, à cette lassitude qui envahit parfois l'existence humaine. Dans ce contexte, courir devient un véritable moyen de faire face aux épreuves de la vie, de se rappeler que chaque obstacle peut être surmonté. Ce n'est pas l'absence de douleur qui fait la force de la course, mais la manière dont le coureur choisit d'y faire face. La douleur devient alors un terrain d'apprentissage, un allié dans la quête de la résilience. C'est à travers cette douleur, à travers ce défi physique et mental, que le coureur parvient à révéler sa propre force et à renforcer son esprit de lutte.

La course est un refus de se laisser happer par l'inertie de l'existence, une affirmation de la volonté de se dépasser, de ne pas se laisser engloutir par les circonstances. Dans cette démarche, le coureur devient un acteur de sa vie, non pas un spectateur passif. Il choisit d'agir, de se lever et de courir, plutôt que de se laisser engloutir par le poids des frustrations et des obstacles. Courir est un antidote puissant contre la résignation, une célébration de la force vitale qui nous anime tous. C'est un retour à cette capacité fondamentale de l'être humain, la possibilité de se relever, de lutter et de continuer à avancer, quel que soit le poids des difficultés. La course nous enseigne qu'une épreuve, aussi difficile soit-elle, peut être traversée. Elle nous rappelle que la vie, dans sa dimension la plus affirmée se trouve dans la capacité à persévérer, à ne pas se laisser vaincre par la douleur ou la fatigue, mais à l'accepter, à l'intégrer et à en sortir plus fort. Cette attitude de dépassement de soi devient une réponse à la morosité de l'existence et une affirmation puissante de la volonté de vivre intensément.

L'existence dans l'action.

À travers la course, nous redécouvrons cette sensation primitive de l'existence, cette capacité fondamentale à être pleinement vivant, à bouger, à respirer, à sentir. C'est par elle que nous nous reconnectons à la vérité fondamentale de notre humanité, d'être en constante évolution, en mouvement perpétuel.

La course devient une manière de s'affirmer avec conviction et force, même face à la fatigue ou à l'adversité. En courant, nous ne nous contentons pas d'exister, nous affirmons notre volonté de nous approprier notre destin. Chaque pas que nous franchissons devient ainsi une manière d'écrire notre propre histoire, de construire notre existence avec toute la puissance du présent.

La course est une transposition vivante de la manière dont nous pouvons choisir d'aborder la vie, en pleine conscience, avec intention, et surtout, avec la conviction inébranlable que chaque instant d'action est un pas vers une existence plus riche, plus vraie et plus profondément connectée à nous-mêmes.

5.

Le temps et la distance.

Il n'y a pas de ligne d'arrivée définitive en course à pied, seulement des kilomètres à parcourir et du temps à apprivoiser. Courir, c'est dialoguer avec ces deux entités insaisissables : le temps qui s'étire ou s'accélère selon notre état, la distance qui se dompte ou qui nous échappe. Entre l'instant fugace et l'effort prolongé, le coureur apprend à jongler avec ces paramètres et à redéfinir sa perception de l'espace et du temps

L'essence du voyage intérieur.

Le coureur n'évolue pas uniquement dans l'espace ; il traverse également le temps, avec toutes ses distorsions et ses perceptions uniques. Le temps et la distance, loin de n'être que des repères objectifs, deviennent des éléments essentiels d'un voyage intérieur où chaque foulée nous rapproche non seulement du but physique, mais aussi de nous-mêmes. Ces deux dimensions, souvent considérées comme des données extérieures à maîtriser, se transforment en véritables partenaires dans la quête intérieure du coureur.

Le temps devient une épreuve, une toile sur laquelle se dessine la résistance et l'endurance, et la distance, un espace à travers lequel on explore bien plus que nos limites physiques. Elle devient un champ de réflexion, un terrain où se dévoilent nos doutes, nos peurs, nos forces cachées. En affrontant la distance et en naviguant à travers le temps, le coureur ne cherche pas seulement à franchir des lignes, mais à transcender l'instant, à libérer son esprit, et à se découvrir à chaque pas. Le parcours, avec ses souffrances et ses moments d'extase, devient ainsi le lieu d'une transformation personnelle profonde. Le but n'est pas tant d'atteindre une destination mais de se perdre, se retrouver, et s'épanouir tout au long du chemin.

Le temps comme épreuve et comme libération.

La relation du coureur avec le temps pendant la course est une expérience profondément révélatrice de son rapport à la vie elle-même. Dès que le coureur s'élance, il prend conscience d'une vérité fondamentale : le temps devient relatif. Les secondes, les minutes, les heures, ne se déploient plus de manière linéaire ou uniforme. Certains moments passent à une vitesse fulgurante, comme si la course elle-même les avalait d'un coup, tandis que d'autres, au contraire, semblent se prolonger indéfiniment, suspendus dans l'instant.

L'effort physique, l'intensité de la fatigue, et l'excitation d'un rythme effréné interagissent avec le temps d'une manière que peu d'autres expériences humaines parviennent à égaler. Ces perceptions disparates du temps ne sont pas de simples effets psychologiques ; elles sont révélatrices de la façon dont le coureur vit son expérience de la course. Lorsqu'il commence à courir, le coureur se rend compte que le temps, qui normalement file à une vitesse vertigineuse dans le tourbillon de la vie quotidienne, devient ici une entité malléable, fluide, qu'il peut ressentir de manière différente.

La douleur et la fatigue peuvent faire paraître une minute aussi longue qu'une heure, chaque seconde s'étirant dans une souffrance presque palpable. Inversement, dans les moments où l'adrénaline prend le dessus, où le corps semble porté par un élan irrésistible, le temps peut paraître s'évaporer, la course se déroulant comme une succession de moments indéfinis et insaisissables. Ce phénomène est, à bien des égards, le reflet de la dualité du temps lui-même : un maître impitoyable, mais aussi un espace dans lequel il est possible d'expérimenter la liberté. Le temps, loin d'être une simple donnée objective, devient une matière avec laquelle le coureur interagit. Il est, d'une certaine manière, ce que le coureur en fait à chaque foulée. La relation avec le temps devient un terrain d'expérimentation, une exploration de la réalité perçue à travers l'effort, la douleur et la jouissance de la course.

Dans cette dynamique de course, le temps ne se contente pas d'être un obstacle à surmonter. Il devient aussi un défi à relever, une épreuve à laquelle le coureur se confronte chaque fois qu'il s'élance. Le passage des minutes devient alors une bataille intérieure : « Combien de temps encore avant que la douleur ne devienne insupportable ? Combien de temps avant d'atteindre la ligne d'arrivée ? » Ce questionnement incessant sur la durée des efforts et le rythme de la course finit par s'estomper au fur et à mesure que l'esprit et le corps du coureur s'ajustent à cette nouvelle réalité temporelle. La course devient une danse avec le temps, une tension permanente entre les limites du corps et les possibilités de l'esprit, entre le désir de s'échapper et l'inexorable avancée des minutes.

Ce rapport au temps pendant la course résonne également dans un sens plus large : celui de la résistance à la fuite ininterrompue du temps dans la vie quotidienne. Courir devient une forme de lutte contre l'irréversibilité du temps. Dans une société où le temps semble s'écouler sans fin, où chaque instant est mesuré, fractionné, souvent dicté par des impératifs externes, la course offre un moment de rupture, un instant suspendu où la logique du temps de l'agenda et de la productivité s'efface. Quand le coureur prend conscience du temps de manière détachée, il redécouvre un rapport réel au présent. La course permet de se libérer de ce temps socialement construit pour se concentrer sur une temporalité plus personnelle, plus fluide, plus intuitive.

L'un des grands paradoxes de la course réside dans cette capacité à suspendre le temps, à le vivre non pas comme un fardeau, mais comme une libération. Lorsqu'on court, il n'y a plus d'horloge, aucun emploi du temps à respecter. Le coureur, en s'abandonnant au rythme de sa course, est capable de suspendre l'incessante avancée des minutes. Ce sentiment de pouvoir arrêter, même brièvement, le temps se transforme en un moment presque mystique. Cette suspension temporelle est vécue comme une libération profonde, une pause dans le tourbillon du quotidien. Le coureur accède à un espace où le temps n'est plus une donnée à subir, mais une ressource qu'il peut expérimenter à sa manière. C'est dans ce moment, où l'on se débarrasse de la pression du futur et du poids du passé, que l'on touche à une forme de liberté rare, une liberté intérieure. Le coureur, en se consacrant uniquement à l'instant présent, prend conscience du pouvoir de son propre corps et de son esprit pour maîtriser, même si ce n'est que pour quelques instants, le temps lui-même. Ce rapport paradoxal au temps, qui à la fois se présente comme une contrainte et comme une libération, se déploie tout au long de la course. Chaque instant devient une opportunité de se réconcilier avec l'épreuve du temps. Même dans les moments de souffrance intense, quand les muscles semblent sur le point de céder et que la respiration devient haletante, le coureur éprouve une forme de satisfaction dans l'acceptation de la douleur et de la fatigue. Ces sensations, loin d'être des obstacles insurmontables, deviennent des partenaires du temps qui passe. Le coureur les accueille, les vit intensément, tout en sachant que chaque seconde les rapproche de la fin de la course, et peut-être aussi d'un état de plénitude plus grand.

Dans ce sens, courir n'est pas seulement un exercice corporel, c'est aussi une réflexion sur la nature même du temps et de l'existence. La course devient une substitution de la manière dont nous abordons la vie. Combien de fois nous retrouvons-nous à nous laisser emporter par les exigences du monde extérieur, à courir sans fin, à lutter contre le temps, comme si chaque minute nous échappait ? À travers la course, le coureur apprend à accepter le temps tel qu'il est, à s'engager avec lui dans une danse complexe où l'on lutte et on se libère simultanément. La course devient ainsi un exercice de présence, une invitation à savourer le moment présent, à défier la perception du temps comme un flux incessant, et à s'en faire un allié dans la quête de soi.

La distance comme métaphore de la vie.

Dans l'expérience du coureur, la distance joue un rôle aussi déterminant que le temps, bien qu'elle soit perçue de manière différente. Là où le temps est une dimension fluide et abstraite, la distance est un repère tangible, concret. Elle se définit par des étapes mesurables et se manifeste sous la forme de kilomètres parcourus, d'objectifs atteints et de frontières physiques franchies. Cependant, la distance ne se résume pas à une simple quantité à couvrir., chaque kilomètre parcouru devient une étape d'un cheminement personnel, un reflet des efforts, des défis, et des découvertes personnelles du coureur. Chaque foulée, chaque mouvement est un pas de plus vers une meilleure compréhension de soi, une confrontation avec ses propres limites. À mesure que le coureur avance, il fait face à la distance non seulement comme un objectif à atteindre, mais aussi comme une réalité à surmonter.

La course est une mise à l'épreuve de la volonté humaine, une occasion de tester la persévérance et la résistance physique et mentale. Plus qu'une simple évaluation de l'endurance, la distance devient le lieu où le corps et l'esprit se rejoignent dans une harmonie fragile et précieuse. En effet, la relation du coureur avec la distance ne se résume pas à une addition de kilomètres. Le moindre pas franchi n'est pas simplement un pas de plus vers l'objectif, mais un engagement personnel à aller plus loin, à repousser les frontières internes du possible.

Lorsque l'on parle de distance dans la course, il est important de comprendre qu'elle est bien plus qu'une simple mesure physique. Elle devient une image fidèle de la vie elle-même : un parcours incertain, une route parsemée d'obstacles, d'incertitudes et de défis à relever. Le kilomètre ou le mètre parcouru représente une victoire sur soi-même. La distance est un miroir, et l'étape franchie invite à une introspection plus profonde. Le coureur, à chaque nouvelle fraction de kilomètre, se retrouve face à ses propres questions existentielles : Suis-je capable de continuer ? Quelle est ma limite ? Quels sont les moments où je veux abandonner, mais où je trouve en moi une force insoupçonnée pour avancer encore ?

Ces interrogations, semblables aux dilemmes que l'on rencontre dans la vie quotidienne, sont inhérentes à la confrontation avec la distance. Au fur et à mesure de la course, la distance devient aussi un terrain d'expérimentation. C'est en l'affrontant, en l'acceptant comme un défi personnel, que le coureur apprend à gérer son énergie, à comprendre la manière dont son corps réagit à l'effort prolongé, et à apprivoiser les vagues de fatigue qui peuvent surgir à tout moment. La distance se transforme alors en un test de l'esprit humain. La difficulté surmontée, le moment de doute traversé sont une manière de prouver que le corps et l'esprit peuvent aller plus loin que ce que l'on imagine.

Ce n'est pas simplement une question de distance parcourue, mais de ce que l'on découvre en soi au fur et à mesure que l'on avance. La distance devient une aventure intérieure, un voyage dans lequel le coureur apprend à se connaître, à mieux comprendre ses limites, et à explorer les capacités cachées de son corps et de son esprit. Les longues distances, en particulier, offrent un cadre unique pour cette exploration. Elles forcent le coureur à sortir de sa zone de confort, à prendre des décisions cruciales pour la gestion de son énergie, à trouver une cadence, un rythme et une respiration qui lui permettent de tenir sur la durée. La gestion de la douleur devient une composante essentielle de cette aventure. La distance, souvent perçue au départ comme un obstacle, se transforme en une opportunité de croissance personnelle. Chaque minute d'effort, chaque seconde d'épuisement devient une occasion de repousser ses propres limites, d'affronter la souffrance physique et mentale, et de triompher sur celle-ci. Dans ce processus, la distance devient une véritable école de la résilience, où l'on apprend à durer, à résister et à ne jamais abandonner, même lorsque tout semble nous pousser à l'inverse.

Mais la distance, loin de se limiter à un simple champ de bataille intérieur, est aussi un espace de solitude, de réflexion et d'introspection. Lorsque le coureur se trouve seul sur la route, loin de la furie et des bruits du monde extérieur, il entre dans un dialogue intime avec lui-même. Tout kilomètre parcouru devient une occasion de réflexion, de questionnement, de recherche de sens. La distance met à nu les peurs, les doutes, mais aussi les désirs et les aspirations du coureur. Il se retrouve face à lui-même, face à ses choix, à ses envies et à ses aspirations. La solitude de la course devient un laboratoire de l'âme, où se mélangent les moments de clarté, de doute et de révélation. La distance offre un espace où l'on peut véritablement se retrouver, où l'on peut s'explorer sans artifice, sans masque, sans interruption. Elle devient un miroir dans lequel le coureur peut observer ses limites, ses frustrations, mais aussi ses capacités infinies de dépassement.

L'un des aspects les plus puissants de la distance dans la course est qu'elle est un indicateur de ce que le coureur est capable d'endurer. Une course longue, particulièrement éprouvante, est une expérience extrême de gestion de soi et de ses ressources. La distance devient une mesure précise de l'épuisement, mais aussi un moyen de tester la capacité à se renouveler. Lorsqu'on atteint les dernières étapes d'un parcours long et difficile, la fatigue devient accablante. Pourtant, c'est à ce moment précis que la distance montre sa véritable essence : chaque pas fait est un test révélateur de notre résistance, chaque foulée est une affirmation de la volonté de continuer.

La distance, bien plus que de simples kilomètres, devient un champ d'action où se révèle la véritable essence de l'effort humain, un effort qui est à la fois physique et spirituel, un effort où l'on dépasse l'épuisement et où l'on se trouve soi-même à travers l'acte même de courir. Ainsi, la distance est une dimension essentielle de l'expérience humaine. Elle représente la confrontation avec les limites, le dépassement de soi et l'exploration de l'inconnu. Au fil des courses, à chaque kilomètre parcouru, le coureur parvient à une meilleure connaissance de lui-même, en mettant à jour des ressources insoupçonnées et en affrontant des défis qu'il n'aurait jamais imaginé pouvoir surmonter. La distance s'impose comme une symbolique de la vie, une quête infinie d'expansion personnelle et d'autodépassement.

Le temps et la distance comme compagnons d'effort.

L'un des aspects les plus fascinants de la pratique de la course est la manière dont le coureur entretient une relation unique avec deux éléments essentiels : le temps et la distance. Ces deux dimensions, qui semblent au premier abord être de simples mesures objectives, se transforment dans l'expérience du coureur en compagnons de route, devenant des acteurs actifs dans le processus de l'effort. Courir représente une danse subtile entre ces deux forces, une interaction dynamique où chaque élément influence l'autre, où la perception du temps et de la distance devient un jeu complexe et fluide. Le coureur n'est pas seulement en train de franchir des kilomètres ou de compter les minutes qui passent ; il est en train de tordre ces dimensions, de les manipuler, de les adapter à sa propre expérience de la course.

À travers cette interaction, le temps et la distance deviennent bien plus que de simples repères extérieurs. Ils deviennent des variables avec lesquelles le coureur doit composer, ajuster son effort et son rythme pour répondre à ses besoins internes. La manière dont il perçoit la durée du parcours, comment il ressent chaque seconde qui passe, et la distance qu'il reste encore à parcourir deviennent des éléments cruciaux dans l'activation de ses ressources physiques et mentales. Courir, c'est sans cesse jongler entre la vitesse et l'endurance, c'est chercher cet équilibre fragile et en constante évolution entre les efforts fournis et la gestion du temps et de la distance.

Le rapport entre le temps et la distance est au cœur de l'expérience de course. Ces deux dimensions ne sont pas statiques, elles sont en perpétuelle interaction, et c'est dans cette interaction que réside la beauté du défi. Le temps que le coureur met pour parcourir une certaine distance, ou la distance qu'il peut franchir en un certain temps, n'est pas seulement une mesure objective, mais une représentation dynamique de ses capacités, de ses limites et de ses choix. C'est une conversation constante entre l'effort physique et l'intensité mentale. Parfois, le coureur peut être poussé à s'interroger sur la manière dont il gère ses ressources. Chaque foulée devient une question de rythme, chaque respiration, une note dans la mélodie de l'effort. Le temps et la distance ne sont pas des ennemis à vaincre, mais des alliés dans cette quête de soi, des instruments à travers lesquels le coureur peut se comprendre, se redéfinir et se renouveler.

La gestion de ces éléments est d'autant plus fascinante dans les moments où le coureur doit s'adapter à son propre état physique et mental. Lorsqu'il prend le départ d'une course, il peut être dans une dynamique de grande énergie, prêt à se mesurer aux défis qui l'attendent. Dans ces moments-là, le temps semble presque secondaire. Ce qui compte, c'est la distance à franchir et la vitesse à adopter. Il peut accélérer, se concentrer sur la distance à parcourir, en ressentant la puissance de chaque foulée, en repoussant ses propres limites. Mais, tout au long de cette aventure, la relation entre le temps et la distance se modifie. En fonction des facteurs externes – la météo, le terrain, l'heure de la journée – et des facteurs internes – la fatigue, l'humeur, l'état de santé – la perception du temps et de la distance peut varier de manière spectaculaire. Un moment où chaque seconde semble durer une éternité peut être suivi d'un instant où la course semble se dérouler à la vitesse de la lumière.

Parfois, face à la fatigue ou à un moment de découragement, le coureur choisit d'adopter une stratégie différente : il ralentit. Il décide de prendre son temps. Ce n'est pas un signe de faiblesse, mais une prise de conscience qu'il doit se rééquilibrer, se recentrer sur son corps et son esprit. Ce ralentissement peut lui permettre de reprendre son souffle, de prendre du recul, d'écouter son corps et de réajuster son effort. Le temps et la distance, dans ces moments-là, deviennent des alliés précieux, non plus comme des indicateurs de performance, mais comme des instruments de guérison. La distance n'est plus une simple mesure d'accomplissement ; elle devient un terrain de récupération, un espace pour se reconnecter à la réalité du moment. En ralentissant, le coureur trouve une nouvelle expression d'émancipation : celle de se redéfinir en fonction de son état et de ses besoins.

À l'inverse, il arrive aussi que le coureur, emporté par un élan de motivation ou une forte impulsion intérieure, choisisse d'accélérer. Le temps devient alors un allié dynamique, une force qui pousse le coureur à donner le meilleur de lui-même. Cette accélération peut être le fruit d'une inspiration soudaine, d'un regain d'énergie, ou d'une décision consciente de repousser encore plus loin ses limites. À ce moment-là, la moindre seconde est vécue comme une opportunité de s'approcher davantage de la ligne d'arrivée, chaque instant devient un point de tension où le coureur se surpasse, se prouvant à lui-même sa capacité à aller plus loin. Dans cette optique, le temps et la distance ne sont plus de simples contraintes : ils deviennent des leviers pour la transcendance personnelle.

Ainsi, la relation du coureur avec le temps et la distance ne se limite pas à un rapport de force. C'est une danse, une adaptation constante entre la gestion de ses ressources et la recherche de l'équilibre parfait. Le coureur apprend à écouter le temps qui passe, à respecter la distance à parcourir, tout en s'adaptant à son propre état intérieur. Ce jeu constant entre la vitesse et la lenteur, entre l'effort maximal et la récupération, est un aspect central de la pratique de la course. Le coureur devient un artiste, un danseur dans l'espace et le temps, sachant se jouer des contraintes pour avancer avec fluidité, sans se perdre dans les exigences extérieures.

À travers ce jeu avec le temps et la distance, le coureur trouve une forme d'équilibre unique. Il se mesure à lui-même tout en dialoguant avec les dimensions objectives de la course. Le temps et la distance, loin d'être des adversaires, deviennent des alliés essentiels pour lui permettre de s'épanouir, de se dépasser, de vivre sans limite l'expérience de l'effort. Ce dialogue intime avec le temps et la distance, cette capacité à écouter, à répondre, et à s'adapter à chaque instant, fait de la course une expérience profonde, une quête de dépassement, un élan vers l'inconnu.

La notion de finitude dans la course.

Le rapport entre le temps, la distance et le coureur ne se limite peut s'enrichir d'une dimension existentielle profonde : celle de la finitude. Dans l'effort, le coureur se trouve irrémédiablement face à une réalité incontournable et bornée. Le mouvement le rapproche inexorablement de la conclusion. La fin de la course, la ligne d'arrivée, deviennent un symbole de la fin de quelque chose, une fin à la fois implacable et pleine de significations. En tant qu'êtres humains, nous savons que, tout comme une course prend fin, notre existence aussi se dirige vers une finalité, un point d'aboutissement. Ainsi, dans l'effort, le coureur est confronté à la notion de finitude, à la reconnaissance que tout parcours, aussi long ou difficile soit-il, doit un jour se terminer.

Cette expérience de finitude dans la course n'est pas simplement un constat théorique. Elle se vit dans chaque étape du parcours, dans chaque kilomètre qui s'écoule, chaque souffle pris, chaque instant qui rapproche le coureur de la ligne d'arrivée. Le temps et la distance s'entrelacent pour créer un chemin qui mène inéluctablement vers une conclusion. Ce sentiment de « fin » qui se profile à l'horizon, tout comme la pression d'un chrono ou la proximité de la ligne d'arrivée, est une expérience vécue de manière intime et personnelle. C'est une réflexion constante sur la transigeance de l'effort, sur l'impermanence des moments de douleur et de fatigue, mais aussi sur la certitude que tout cela aboutira à une conclusion, à un aboutissement.

Dans cette réalité de finitude, la course devient une évocation de la vie elle-même. À chaque foulée, le coureur se rapproche de la fin d'un parcours, mais il sait également que cette fin est une condition nécessaire pour débuter un nouveau cycle, un nouveau défi. La fin d'un parcours ne marque pas seulement l'extinction de l'effort, mais aussi le début d'un renouveau, d'un commencement. Ce mouvement perpétuel entre fin et début, entre effort et repos, devient une leçon essentielle pour le coureur, une leçon qui va bien au-delà de la simple performance physique. La course enseigne à accepter la fin, non pas comme une défaite ou une contrainte, mais comme une étape naturelle et inévitable du processus.

Le coureur apprend à accepter les fins avec sérénité. Il sait qu'elles sont inscrites dans le processus de l'effort, tout comme la fatigue fait partie intégrante de l'endurance. Cette acceptation de la fin, loin d'être une source de crainte, devient un moment de libération. Courir, dans ce sens, n'est pas seulement un moyen de la repousser, mais de s'ancrer dans l'instant, tout en prenant conscience de la proximité de l'arrivée. La fin de la course, à la fois redoutée et attendue, est une victoire en soi. Elle est une affirmation que l'effort, aussi intense soit-il, mène à un aboutissement, qu'il s'agisse d'une ligne d'arrivée physique ou d'un accomplissement personnel. Ce rapprochement de la fin, loin d'être une angoisse, devient un moment de sérénité, une étape naturelle qui transforme le coureur en témoin de sa propre évolution.

Dans cette perspective, la fin n'est pas synonyme d'une fin absolue, mais plutôt d'un cycle qui se termine pour mieux recommencer. La course, dans sa dimension temporelle et spatiale, offre ainsi une leçon précieuse : celle d'accepter que chaque moment, chaque effort, chaque respiration, nous mène inexorablement vers la conclusion d'un parcours. Mais cette fin porte en elle la promesse d'un renouveau, d'une reprise, d'un recommencement. C'est dans cette acceptation de la fin que se trouve la véritable sagesse. Le coureur comprend que la fin, loin de marquer la fin de son existence, est simplement une phase dans un processus plus large, un moment de transition vers un autre défi, un autre but à atteindre.

Ainsi, le rapport entre le coureur et la finitude devient un élément essentiel de son expérience. En acceptant que chaque course a une fin, il apprend à savourer le cheminement. Il apprend à apprécier l'effort, la douleur et la fatigue, car il sait que chacun de ces éléments est temporaire et qu'ils le conduiront à la ligne d'arrivée. La finitude dans la course devient une invitation à vivre le présent avec intensité, à se libérer de l'angoisse du futur, et à embrasser chaque étape comme une partie essentielle de son voyage. La fin n'est pas un obstacle, mais une promesse de renouveau, de transformation, et de progression. Par cette acceptation de la fin, le coureur trouve un moyen de vivre plus intensément, de transcender l'angoisse de l'échec ou de la fin, et de transformer chaque moment d'effort en une opportunité de croissance et d'accomplissement personnel. Le temps et la distance comme apprentissages.

Le temps et la distance, dans leur interaction, nous enseignent des leçons essentielles sur la vie. Ils incarnent à la fois la patience et l'urgence, deux forces opposées mais complémentaires qui façonnent l'expérience du coureur. La seconde écoulée et le mètre parcouru sont bien plus que de simples unités de mesure. Ils sont les témoins tangibles de l'effort, des progrès et des transformations profondes qui s'opèrent lors d'une course. Ces deux dimensions nous rappellent que, tout comme la vie, elle n'est pas une simple succession de moments ou de distances franchies. Elle est un processus continu de transformation.

Tout en nous rapprochant du but final, elle nous éloigne de l'individu que nous étions au début du voyage. À travers ce processus, le temps et la distance deviennent des partenaires incontournables, des complices de l'expérience humaine. Ils nous apprennent à savourer le moment au-delà de la souffrance et de l'effort, nous accompagne dans l'apprentissage d'apprécier non seulement le but accompli, mais également le chemin parcouru pour y arriver. Le temps et la distance nous rappellent que l'essentiel n'est pas la destination finale, mais bien l'évolution qui se produit en nous au fur et à mesure de notre progression. Ce processus de formation nous pousse à embrasser le présent avec plus de profondeur, à conscientiser la place de chaque instant compte. Au-delà de la simple performance, le temps et la distance deviennent des outils puissants qui nous permettent de mieux nous connaître, d'affronter nos limites et de nous réinventer.

6.

Le Coureur face aux épreuves.

Il y a des jours où chaque foulée est une lutte. Où le vent, la fatigue, la douleur semblent vouloir nous arrêter. Mais c'est précisément là que le caractère du coureur se révèle. La course est un miroir impitoyable de nos forces et de nos faiblesses, une épreuve qui nous apprend la résilience. Ce n'est pas seulement une question de performance, mais de volonté : qui sommes-nous lorsque le doute s'installe ? Courir, c'est apprendre à faire face, à tomber et à se relever.

La résistance comme clé de la transformation.

Les épreuves font partie intégrante de l'expérience du coureur. Elles ne sont pas une simple conséquence du parcours, mais une composante essentielle de la pratique elle-même. La course à pied bien plus qu'un défi physique est aussi un voyage où chaque coureur, amateur ou professionnel, sera inévitablement confronté à une série d'obstacles. Qu'il s'agisse de la difficulté d'un parcours, des caprices de la météo, des blessures ou de la fatigue omniprésente, ces épreuves se dressent comme des montagnes à franchir. Pourtant, elles ne se limitent pas à tester les limites physiques du corps. Bien souvent, ce sont les épreuves mentales qui révèlent les aspects les plus profonds du coureur.

La capacité à endurer, à se relever malgré l'adversité, à continuer à avancer lorsque tout semble s'effondrer, devient alors un marqueur essentiel de transformation. Le coureur est confronté à un dilemme constant : lorsqu'il est à bout de souffle, lorsque la douleur prend possession de chaque fibre de son être, lorsque le corps crie « stop », il est à un carrefour. La tentation d'abandonner est omniprésente, l'envie de se retirer devient une voix insidieuse qui tente de prendre le contrôle. Pourtant, ce moment précis, où la volonté vacille, devient la scène de la véritable métamorphose. Les épreuves, qu'elles soient physiques ou mentales, ne sont pas simplement des obstacles à franchir, mais des catalyseurs de transformation personnelle. Chaque moment de souffrance est un appel à la résilience. En choisissant de ne pas céder, en décidant de continuer à avancer malgré le vent contraire, le coureur trouve une version plus forte de lui-même.

Les épreuves sont des occasions de se redécouvrir, d'explorer des aspects cachés de sa propre nature. C'est dans la douleur que l'on trouve souvent ses plus grandes ressources. C'est en surmontant l'épuisement mental et physique qu'on réalise que l'on est capable de bien plus que ce que l'on pensait. Lorsque la course devient plus qu'un simple défi sportif, lorsqu'elle devient une véritable exploration de soi, le coureur entre dans un territoire où chaque pas, chaque foulée est un pas vers une transformation intérieure. Il court pour découvrir ce qu'il est capable de réaliser, pour se confronter à ses propres limites et les repousser.

La course devient ainsi un test de résistance. Mais plus encore, l'épreuve devient un apprentissage de la vie, un rappel que, dans l'adversité, la clé de la transformation ne réside pas dans l'évitement de la souffrance, mais dans la capacité à l'accepter et à l'utiliser comme levier pour grandir. C'est cette résistance face à l'inévitable qui transforme non seulement le coureur, mais aussi sa perception du monde et de lui-même.

La souffrance physique et l'esprit de résistance.

La course à pied, avec ses défis physiques et mentaux, s'accompagne d'une réalité qui, bien que redoutée, est indispensable à l'expérience du coureur : la souffrance. Un paradoxe frappant se manifeste ici : plus l'effort est intense, plus la douleur augmente, et pourtant c'est précisément dans cette douleur que réside une forme de révélation. Dans l'espace où la souffrance semble maximale, le coureur est confronté à une vérité profonde : cette douleur n'est pas une ennemie, mais un catalyseur de transformation et de résilience. Lorsque le corps crie, que les muscles sont en feu et que la respiration devient haletante, un jeu subtil s'installe entre la limite du supportable et la tentation de l'abandon. Cette frontière fragile, cette ligne de résistance, est-ce qui distingue les coureurs qui s'arrêtent de ceux qui continuent à avancer. Et dans ce défi, l'esprit humain joue un rôle fondamental.

Lorsque l'on est dans l'œil du cyclone de la douleur, chaque fibre de l'être semble nous ordonner d'abandonner. Les jambes lourdes, le souffle court, l'esprit qui commence à divaguer, tout semble converger vers une seule direction : l'arrêt. Et pourtant, c'est précisément dans cet instant de vulnérabilité que se trouve l'opportunité de transcender ses limites. C'est à ce moment, fragile et décisif, que l'esprit entre en jeu. Alors que le corps semble vouloir s'effondrer, l'esprit prend le relais. C'est lui qui, par une force invisible, permet au coureur de continuer à avancer. L'esprit de résistance se forge à cet instant, et il se révèle être souvent le facteur clé qui fait la différence entre l'abandon et la persévérance. Au-delà de la douleur physique, il y a une puissance mentale qui s'éveille et qui pousse à franchir cette limite, à repousser les frontières de ce que l'on croyait être capable de supporter. Le corps peut souffrir, mais l'esprit, lui, peut transcender cette souffrance. C'est dans cette dynamique que l'on retrouve la véritable nature de la course : une rencontre entre la fragilité humaine et la force intérieure de l'esprit.

La souffrance physique, loin d'être perçue comme une simple contrainte, devient alors un indicateur du potentiel humain. Les douleurs qui envahissent les muscles, les tendons tendus et les petites blessures, bien que désagréables, deviennent des signaux d'adaptation. Elles sont les signes d'un corps en transformation, d'une machine qui s'adapte, se renforce et se modifie pour mieux résister à l'effort. Ce processus de transformation, bien que douloureux, est fondamental. Chaque étape difficile sur le parcours, chaque douleur traversée, devient une victoire silencieuse du corps sur la fatigue. Le coureur prend conscience que ce qu'il perçoit comme un obstacle n'est en réalité qu'un pont vers sa propre évolution. La douleur n'est pas un mur infranchissable, mais un champ d'expérimentation, un terrain d'apprentissage qui lui permet de se connaître davantage, de comprendre ses limites et, surtout, de les dépasser. Le moindre cap franchi est un gage de progression, une marque de croissance qui permettra au coureur de repousser encore ses limites à la prochaine épreuve.

Cependant, c'est dans l'esprit que se trouve la clé de cette évolution. À un certain stade de l'effort, lorsque le corps semble au bout de ses forces, l'esprit prend une place capitale. C'est dans ces moments que la question fatidique « Pourquoi continuer ? » surgit dans l'esprit du coureur. Et souvent, la réponse n'est pas rationnelle. Elle n'est pas un raisonnement logique fondé sur la nécessité d'atteindre un objectif précis, mais plutôt un simple désir de persévérer, une conviction profonde que, malgré la souffrance, chaque moment passé à la poursuivre est une victoire. C'est cette victoire qui devient le moteur de l'avancée. Une minute de souffrance surmontée, un pas fait malgré la douleur, deviennent une préparation pour aller encore plus loin. La course devient alors un entraînement mental autant que physique, un véritable test de la capacité de l'esprit à résister à la tentation de l'abandon.

Ce processus mental est une école de vie. La course devient une exploration de la manière dont on répond à la souffrance, comment on s'y confronte et surtout comment on l'apprivoise. La souffrance, à ce stade, cesse d'être une contrainte. Elle devient une alliée. Elle pousse le coureur à se dépasser, à puiser dans ses ressources intérieures et à se prouver à lui-même qu'il est capable d'aller plus loin que ce qu'il pensait. Il apprend à écouter son corps, mais aussi à le maîtriser, à comprendre que ce qui semble insurmontable est souvent une illusion, et que, dans la résistance, il y a un potentiel de croissance infini. C'est ainsi que le mental devient la clé de voûte de cette résistance. Il est le garant de la persévérance, il est la force intérieure qui, lorsqu'elle est mobilisée, permet au coureur de repousser ses limites physiques et mentales.

Finalement, c'est dans cette lutte contre la douleur et dans la quête de persévérance que réside l'essence même de la course. Les foulées qui nous rapprochent de la ligne d'arrivée sonnent comme une victoire sur soi-même, une leçon validée. La souffrance devient une sorte de transcendance, un moment où l'on se découvre, où l'on se renforce et où l'on se réinvente. C'est dans cette souffrance partagée avec le corps que l'on trouve une liberté d'esprit, une capacité à résister, à persévérer et à aller au-delà de ce que l'on croyait possible.

Le mental comme moteur de l'effort.

Dans la course, une vérité fondamentale se dévoile : le mental est souvent la clé de la réussite. Ce n'est pas simplement la force physique qui permet au coureur de franchir les lignes d'arrivée, mais sa capacité à surmonter la fatigue, à ignorer les signaux de douleur et à maintenir l'effort, même lorsque les conditions semblent impitoyables. C'est le mental qui distingue les coureurs exceptionnels des coureurs ordinaires. La différence est subtile, mais elle réside dans la manière dont l'esprit réagit face à l'adversité. Un coureur pourrait décider d'arrêter dès les premiers signes de fatigue, se laissant submerger par l'inconfort physique. Un autre, bien plus résilient, puise dans sa volonté une source d'énergie infinie et se concentre uniquement sur son objectif, fermant les yeux sur la douleur, l'épuisement et même la météo capricieuse.

Ce dialogue incessant entre le corps et l'esprit forme la dynamique centrale de l'effort. Le corps, bien qu'important, n'est que l'instrument, tandis que l'esprit est le chef d'orchestre. À chaque étape difficile, lorsque la fatigue commence à s'infiltrer et que les muscles protestent, c'est l'esprit qui prend les commandes. Il y a un échange constant et parfois contradictoire dans l'esprit du coureur. La douleur physique s'invite, mais l'esprit doit choisir de l'ignorer ou de la transformer. L'une des premières choses qu'un coureur apprend est la façon dont ses pensées influencent son corps. L'esprit peut être un moteur puissant, ou une entrave totale.

Ainsi, lorsque la fatigue envahit, il revient au coureur de puiser dans cette réserve mentale pour avancer. Le mental devient un catalyseur, un levier qui, lorsqu'il est bien maîtrisé, permet de transcender la douleur, de repousser les limites imposées par le corps et de maintenir une cadence qui semble parfois irrationnelle.

Pour les coureurs les plus expérimentés, cette dynamique entre corps et esprit ne se joue pas seulement pendant la course, mais bien avant le départ. Ils savent que le mental doit être cultivé, préparé, aussi intensément que le corps. La préparation physique seule ne suffit pas. C'est la force mentale qui permet de surmonter les moments de doute, de fatigue, et de découragement. Ces coureurs savent que la clé réside dans la manière dont ils gèrent leurs pensées. Une attitude mentale résiliente est indispensable. Ils s'entraînent à se détacher des pensées négatives, à repousser les idées d'abandon, à refuser d'être engloutis par la douleur. Ces coureurs expérimentés ont appris à trouver un sens, même dans la souffrance. Ils savent que chaque douleur surmontée les rapproche un peu plus de leur objectif. Cette approche leur permet de se concentrer non pas sur les obstacles immédiats, mais sur la petite victoire suivante. Au lieu de se concentrer sur la longueur du parcours, ils se concentrent sur chaque pas, chaque respiration, chaque petite avancée. Cette capacité à se focaliser sur l'instant présent et à rester attentif aux progrès immédiats plutôt qu'à la destination finale est un outil essentiel dans le combat mental qui se joue au cœur de chaque course.

Les pensées positives, loin d'être un simple mantra, deviennent des alliées puissantes dans cette lutte mentale. Elles servent de bouclier contre l'envahissement des pensées négatives, contre les pensées qui pourraient inciter à l'abandon. Le coureur apprend alors à se parler à lui-même, à s'encourager. « C'est difficile, mais je peux le faire. », « La douleur est temporaire, mais la fierté est éternelle. » Ces phrases, simples mais efficaces, deviennent des mantras qui renforcent la conviction du coureur et le poussent à avancer. Il s'agit d'une forme de dialogue intérieur, mais aussi d'une technique mentale qui s'apprend au fil du temps et des courses. L'esprit doit être entraîné à rester calme, à gérer le stress et à apprivoiser la souffrance. Le coureur, quel que soit son niveau, doit apprendre à dialoguer avec ses propres pensées, à transformer le moment de doute en une opportunité de renforcer sa détermination.

Ce n'est pas simplement le résultat de la course qui compte, mais la manière dont le coureur vit l'épreuve. La moindre difficulté ou souffrance devient une occasion d'apprendre à se relever mentalement. Ce processus est une réflexion personnelle autant qu'une épreuve physique. Le mental est mis à l'épreuve, et à chaque étape surmontée, le coureur se rapproche de la meilleure version de lui-même. Le mental n'est pas seulement une capacité à persévérer, il est aussi un guide qui permet au coureur de redécouvrir son propre potentiel, de repousser ses limites et de se préparer à aller encore plus loin. C'est cette relation entre le corps, l'esprit et l'effort qui rend la course à pied si unique : toute course est l'occasion de forger une volonté plus forte, de transformer le doute en conviction et la fatigue en force.

Finalement, le mental est la véritable clé du succès en course. Il n'est pas une simple réponse aux difficultés, mais la force motrice qui propulse le coureur vers son but. C'est dans ce jeu subtil entre le corps et l'esprit, dans cette danse entre la douleur et la persévérance, que le coureur apprend à se connaître, à se dépasser et à s'investir sans retenue dans son expérience.

Le mental, une fois cultivé et maîtrisé, devient une arme redoutable, capable de transformer la difficulté en une victoire sur soi-même.

L'importance du lâcher-prise face à l'inattendu.

Dans l'univers de la course, l'imprévu est une constante. Peu importe la préparation, les courses réservent souvent des surprises. Une météo capricieuse, un changement soudain de parcours, des erreurs dans la gestion de l'alimentation, ou même une blessure inattendue peuvent perturber l'effort du coureur. Ces imprévus, qui échappent à tout contrôle, sont inévitables et, pourtant, ils exigent une adaptation rapide. Face à cette réalité, le coureur doit apprendre à pratiquer un art essentiel : le lâcher-prise.

Le lâcher-prise, dans le cadre de la course, ne consiste pas à se résigner ou à abandonner. Il s'agit plutôt de reconnaître que tout ne peut pas être maîtrisé, que certaines choses échappent à notre volonté. C'est un processus de guérison intérieure. Cela permet de relâcher la pression et de ne pas se laisser submerger par la frustration, la déception ou la colère qui peuvent surgir lorsque l'imprévu fait irruption. Le coureur doit comprendre que, tout comme dans la vie, il y a des forces et des événements qui sont hors de son contrôle. Le lâcher-prise devient alors un moyen d'accepter ces facteurs externes, de les intégrer et de continuer malgré tout.

Accepter l'imprévu dans le cadre de la course peut paraître difficile, mais c'est une forme de force intérieure qui permet au coureur de conserver son calme et de se concentrer sur l'instant présent. Loin de l'angoisse liée à l'incertitude, cette attitude de lâcher-prise offre une clarté mentale. Le coureur qui apprend à s'adapter face aux difficultés, sans se laisser emporter par la frustration ou la peur, est mieux armé pour surmonter les obstacles qui se dressent sur son chemin. En choisissant de réagir de manière flexible, il se détache des attentes et des peurs et se centre sur ce qui est réellement à portée de main : l'effort en cours, le moment présent. Ce lâcher-prise est aussi une forme de résilience. Il permet au coureur de ne pas se laisser définir par l'inattendu. Quand une course prend une tournure différente de ce qui était prévu, il peut être facile de se laisser abattre par l'incertitude. Mais la vraie force réside dans la capacité à se recentrer, à rester concentré sur l'objectif tout en acceptant que ce dernier puisse évoluer en fonction des circonstances. Le lâcher-prise, donc, devient une pratique puissante qui transforme la relation du coureur avec l'imprévu. Il lui permet de conserver son équilibre intérieur, de rester calme sous pression, et de maintenir sa détermination même lorsque les choses ne se passent pas comme prévu.

Dans la vie, tout comme dans la course, certains obstacles sont inévitables. Les imprévus font partie du jeu, qu'il s'agisse d'un contretemps dans un projet, d'une difficulté inattendue dans une relation ou d'un moment de doute dans un parcours personnel. Ce n'est pas la présence de l'épreuve qui fait notre force, mais la manière dont nous choisissons d'y répondre. La capacité à accepter les imprévus, à lâcher prise et à se concentrer sur ce que l'on peut contrôler, devient alors un outil précieux pour traverser les épreuves avec plus de sérénité. Il ne s'agit pas de combattre la réalité, mais de l'accepter, d'adapter nos attentes, et de rester présents à chaque moment.

Le lâcher-prise ne signifie pas non plus un renoncement à l'effort. Bien au contraire. Il permet au coureur de se concentrer sur le chemin qu'il parcourt, de savourer le moment, même lorsque la voie devient plus difficile ou que l'incertitude se fait sentir. Au cours d'une course, comme au fil d'une journée, l'essentiel ne réside pas seulement dans la réussite, dans l'arrivée ou dans l'objectif atteint, mais dans l'expérience vécue, dans la manière dont l'on choisit d'aborder l'inattendu, et dans la sérénité retrouvée lorsqu'on accepte de laisser aller ce qui échappe à notre contrôle. Le lâcher-prise devient ainsi une philosophie de course, mais aussi une philosophie de vie. En apprenant à s'adapter, à s'ajuster, à ne pas résister à l'imprévu, on développe une forme de sagesse qui nous accompagne bien au-delà du parcours.

Les blessures vécues comme un passage obligé vers la sagesse.

Dans le parcours du coureur, les blessures sont une réalité inévitable, bien qu'elles soient souvent perçues comme des obstacles ou des interruptions malvenues. Qu'elles soient des tensions musculaires passagères, des entorses, des douleurs chroniques, ou même des blessures plus graves, elles marquent un moment d'arrêt dans la continuité du mouvement. Cependant, loin de représenter des échecs ou des écueils insurmontables, les blessures se révèlent être des enseignements précieux, des étapes incontournables sur le chemin du coureur. Elles offrent des leçons profondes sur la relation que l'on entretient avec son corps, sur la nécessité d'écouter ses limites, et sur l'importance de respecter ses besoins essentiels.

Une blessure n'est pas simplement un signe que le corps a atteint ses limites physiques, c'est aussi une invitation à une introspection plus profonde. Elle incite le coureur à prendre du recul, à s'arrêter et à réfléchir. C'est un moment forcé de pause où l'on est obligé de ralentir, de se détacher de la frénésie du mouvement incessant et de la quête de performance. Le corps, par la douleur, nous impose un rythme plus lent, une cadence différente. Dans ces moments, tout l'élan de la course s'effondre, et le coureur est confronté à une autre réalité : celle de l'immobilité, du repos nécessaire à la guérison. C'est là, dans cette pause, que se cache une sagesse cruciale. Le temps passé à récupérer devient un espace où le coureur doit apprendre à réévaluer ses priorités. C'est une période où il doit redéfinir sa relation avec la performance. Lorsque l'on est pris par la douleur ou que l'on est forcé à abandonner un objectif immédiat, il est facile de se laisser envahir par la frustration. Mais dans cet interlude imposé, il devient possible de voir plus clairement. La course cesse d'être une simple compétition ou une comparaison avec les autres. Elle devient une quête plus intime où la connexion à ses ressentis prend le pas sur la recherche de la performance pure.

Les blessures révèlent également une vérité essentielle : la course n'est pas un parcours linéaire, mais un processus dynamique de transformation continue. Tout comme la vie elle-même, le chemin du coureur n'est pas exempt de souffrances, de détours ou de ralentissements. Une blessure force à accepter l'idée que le corps n'est pas une machine infatigable, mais un organisme fragile qui a besoin de soins et de respect. Cette prise de conscience, loin d'être une faiblesse, devient une force. En identifiant nos failles, nous devenons plus sages, plus attentifs à notre corps, et plus aptes à comprendre que le dépassement de soi ne se mesure pas uniquement en termes de performances, mais aussi en termes d'équilibre, de respect et d'écoute intérieure.

Chaque blessure devient ainsi un moment de suspension, un temps où l'on doit accepter de se mettre en pause pour mieux repartir. Au lieu de voir ces blessures comme des échecs, le coureur peut les interpréter comme des invitations à revenir à l'essentiel, à redéfinir sa relation avec la course, et à approfondir sa connexion avec son corps. Après tout, dans la vie comme dans la course, ce n'est pas l'absence de blessure qui définit notre parcours, mais la manière dont nous choisissons de nous relever après chaque épreuve. Et c'est dans cette résilience, dans cette capacité à accepter le temps de guérison, que réside l'essence même du dépassement de soi.

La guérison, loin d'être une régression, devient ainsi une opportunité de croissance. Chaque blessure, chaque pause, devient un moment d'apprentissage, une chance de renforcer son esprit autant que son corps. Ce temps de repos permet de mieux comprendre ses limites et, paradoxalement, d'envisager le futur avec plus de sagesse et de patience. Le coureur, désormais plus en phase avec son corps, reprend la course non pas dans l'obsession de surpasser les autres, mais dans une quête plus profonde : celle de la maîtrise de soi, du respect de son propre rythme et de la recherche d'un équilibre entre effort et récupération.

Les blessures, en fin de compte, ne sont pas une fin en soi, mais un passage obligé vers la sagesse. Elles marquent un temps de suspension, un moment nécessaire pour accepter la pause, la guérison, et la reprise avec un regard neuf sur la course et sur la vie. Dans cet espace de répit, le coureur apprend à se connaître autrement, à se redéfinir et à se préparer à poursuivre son chemin avec une plus grande compréhension de ses propres besoins, de ses propres capacités et de ses limites. Et c'est peut-être là, dans cette sagesse du corps et de l'esprit, que réside la véritable transformation du coureur.

L'épreuve comme source de transformation.

Dans la vie du coureur, les épreuves ne sont pas simplement des obstacles. Elles sont des invitations à la transformation, des moments privilégiés où, dans la douleur, la fatigue et les imprévus, se cachent les plus grandes leçons. Les épreuves, qu'elles soient physiques, mentales ou liées aux aléas de la course, font partie intégrante de l'expérience. Elles ne sont pas à craindre ni à éviter, mais à embrasser. Ce sont elles qui, paradoxalement, permettent au coureur de se rapprocher de sa véritable nature, de se découvrir sous un jour nouveau. La difficulté lors du parcours offre une chance d'apprendre, de grandir et de se renforcer. Elles sont le carburant d'une évolution intérieure, une évolution qui ne se mesure pas en kilomètres, mais en résilience, en sagesse et en capacité à se relever.

Le coureur ne doit pas uniquement franchir la ligne d'arrivée, il doit, tout au long de son parcours, savoir affronter les vagues de doute, de souffrance, de découragement. Le véritable exploit réside dans la manière de faire face à l'adversité, de continuer malgré la douleur, de repousser les limites, de refuser de se laisser définir par les moments difficiles. Ce n'est pas la ligne d'arrivée qui définit le coureur, mais le chemin parcouru, la résistance qu'il a su opposer aux épreuves, la manière dont il a transformé chaque difficulté en une opportunité de grandir. La course, devient un combat intérieur, un combat contre soi-même, où le vrai succès est celui de l'endurance mentale, de la persévérance face aux obstacles et de la capacité à trouver la force de continuer quand tout semble indiquer qu'il est plus facile de tout abandonner.

L'épreuve n'est donc pas une finalité. Elle est un processus, un rite de passage. Chaque moment de douleur, chaque hésitation, chaque incertitude est une invitation à se transformer. La souffrance, qu'elle soit physique ou mentale, devient une alliée, non un ennemi. Elle nous pousse à explorer nos limites, à redéfinir notre rapport à la douleur, à la fatigue et à l'échec. L'obstacle devient alors un point de départ pour quelque chose de plus grand. À travers les épreuves, le coureur se réinvente, apprend à se connaître dans ses moments les plus fragiles, à puiser en lui des ressources insoupçonnées. En définitive, l'épreuve est la clé qui ouvre la porte de la véritable transformation. C'est elle qui forge le caractère, qui élargit les frontières de la résilience et qui prépare à affronter la vie avec plus de force et de sérénité. La résistance face à l'épreuve, cette capacité à se relever après chaque chute, est le vrai test du coureur. Chaque défi rencontré sur le parcours devient une occasion de révéler une nouvelle version de soi-même, une version plus forte, plus sage, plus déterminée. La ligne d'arrivée n'est qu'un moment parmi tant d'autres ; ce qui compte, c'est la manière dont on avance, comment on fait face à l'inattendu, à l'inconnu, et comment on transforme l'épreuve en un pas de plus vers un soi plus résilient.

Ainsi, la course apparaît comme un parcours de découverte où les épreuves, loin de nous freiner, deviennent des tremplins pour une meilleure version de nous-mêmes. C'est dans l'épreuve que se trouve la véritable victoire, non pas celle d'avoir terminé, mais celle d'avoir été transformé par le processus.

7.

Courir au-delà des limites.

Jusqu'où peut-on aller ? Quand le souffle devient court, quand les jambes brûlent, quand tout en nous crie d'arrêter, il reste pourtant une force insoupçonnée qui nous pousse à continuer. Courir au-delà des limites, ce n'est pas seulement repousser la fatigue physique, c'est explorer les frontières mentales, découvrir cette zone où la volonté triomphe du corps. C'est dans cette lutte intime que naît le dépassement de soi.

Repousser les limites pour réinventer son propre horizon.

Le dépassement de soi est un concept qui résonne dans le cœur de tout athlète, et en réalité, dans la vie de chacun d'entre nous. C'est une quête perpétuelle qui nous pousse à repousser nos limites, à défier nos croyances et à atteindre des sommets que nous pensions inaccessibles. Dans ce voyage vers l'inconnu, nous découvrons non seulement notre potentiel physique, mais aussi la force incroyable de notre esprit.

Le dépassement de soi commence par la compréhension de nos propres limites. Ces limites sont souvent définies par des facteurs physiques, mentaux et émotionnels. Physiquement, notre corps a des capacités qui varient d'un individu à l'autre, mais il est également façonné par l'entraînement, la nutrition et la récupération. Mentalement, nos pensées, nos croyances et nos peurs peuvent nous restreindre bien plus que notre condition physique. La clé pour repousser ces frontières réside dans notre capacité à reconnaître ces limites et à les remettre en question. Ce processus nécessite un travail intérieur. Il s'agit de s'immerger dans nos propres pensées et émotions, d'identifier les barrières qui nous freinent. Pour beaucoup, cela commence par une introspection honnête. Quelles sont les peurs qui nous retiennent ? Quels doutes obscurcissent notre vision de la réussite ? En répondant à ces questions, nous pouvons commencer à comprendre comment ces limites ont été construites et comment nous pouvons les transcender.

Un des aspects les plus fascinants du dépassement de soi est le rôle central de l'esprit. Il est prouvé que notre mental peut avoir un impact significatif sur notre performance physique. De nombreux athlètes professionnels parlent de l'importance de la visualisation et de la concentration dans leur préparation. La visualisation consiste à imaginer avec précision le moment où nous souhaitons exceller, qu'il s'agisse d'une course, d'un saut ou d'un défi personnel. En répétant ces images mentales, nous conditionnons notre esprit et notre corps à agir de manière optimale lorsque le moment de vérité arrive.

La gestion de la fatigue est également un élément clé du dépassement. Lorsque le corps commence à se fatiguer, notre esprit doit intervenir pour nous pousser à continuer. C'est là que la résilience entre en jeu. La résilience est notre capacité à faire face aux défis et à persister malgré la douleur et l'inconfort.

Cultiver cette résilience nécessite de la pratique, de l'engagement et une mentalité de croissance. En s'engageant dans des défis qui testent notre endurance physique et mentale, nous construisons progressivement cette capacité à dépasser nos limites.

Lorsqu'il s'agit de dépasser nos limites, l'adrénaline joue un rôle essentiel. Cette hormone, libérée en réponse à un stress physique ou émotionnel, prépare notre corps à l'action, elle nous donne un coup de fouet, un regain d'énergie. Dans les moments critiques, comme lors d'une course ou d'un événement sportif, cette montée d'adrénaline peut faire toute la différence entre abandonner et continuer. Elle peut affiner notre concentration, nous permettre de nous focaliser sur l'objectif et d'ignorer les distractions. Ce phénomène est particulièrement observable chez les coureurs de marathon, qui doivent ignorer la fatigue et la douleur pour franchir la ligne d'arrivée. Apprendre à maîtriser cette montée d'adrénaline et à l'utiliser à notre avantage est une compétence qui se développe avec l'expérience.

Le dépassement de soi est souvent synonyme de souffrance et de douleur. Ce sont des sentiments que nous cherchons instinctivement à éviter. Pourtant, dans le monde du sport, et en particulier dans la course, apprendre à accepter et à comprendre cette douleur peut être un atout majeur. La douleur physique devient un indicateur que nous nous poussions au-delà de nos limites habituelles. C'est un signe que nous sommes en train de grandir. Au lieu de considérer la douleur comme un ennemi, nous pouvons apprendre à l'interpréter comme un allié. Cela nécessite un changement de perspective. Quand nous ressentons de la douleur, nous pouvons choisir de nous concentrer sur notre respiration, d'adopter une attitude positive et de nous rappeler pourquoi nous avons commencé.

Ce changement de mentalité peut transformer une expérience désagréable en une opportunité de croissance.

Repousser l'horizon et maîtriser l'art du dépassement est un voyage qui demande du courage, de la détermination et une volonté d'apprendre. En nous confrontant à nos limites, en cultivant notre esprit, en accueillant la douleur et en nous entourant d'une communauté inspirante, nous découvrons une version de nous-mêmes que nous n'aurions jamais imaginée. Le dépassement de soi est un art, et chaque pas que nous faisons vers l'avant est une œuvre en cours. Alors, prenons un moment pour célébrer nos progrès et continuer à courir vers l'horizon, un pas à la fois.

La science de l'effort pour comprendre ses limites.

La relation entre le corps et l'effort est au cœur de notre compréhension des limites humaines. Comprendre cette dynamique est essentiel pour quiconque souhaite optimiser sa performance, que ce soit dans le cadre sportif ou dans d'autres domaines de la vie. Le corps humain est une machine complexe, capable d'accomplir des merveilles lorsqu'il est correctement entraîné et nourri. Cependant, chaque individu possède des limites qui lui sont propres, influencées par des facteurs biologiques, physiologiques et psychologiques.

Pour appréhender les limites physiques, il est crucial de connaître les systèmes énergétiques de notre corps. Nous avons trois systèmes principaux qui fournissent l'énergie nécessaire à l'effort : le système phosphagène, le système glycolytique et le système aérobie. Le système phosphagène, qui utilise l'ATP et la créatine phosphate, est principalement utilisé pour des efforts très intenses et de courte durée, comme un sprint de 100 mètres.

Le système glycolytique, quant à lui, produit de l'énergie à partir du glucose et est sollicité lors d'efforts plus longs mais toujours intenses, comme un 400 mètres. Enfin, le système aérobie, qui dépend de l'oxygène, entre en jeu lors d'efforts prolongés et modérés, comme un marathon. Comprendre ces systèmes nous aide à identifier le type d'entraînement nécessaire pour améliorer nos performances tout en respectant nos limites.

Au-delà des systèmes énergétiques, la physiologie musculaire joue également un rôle essentiel dans notre capacité à fournir un effort. Les muscles sont composés de fibres musculaires, qui se répartissent principalement en deux types : les fibres à contraction rapide et les fibres à contraction lente. Les fibres à contraction rapide, qui sont plus puissantes et adaptées aux efforts explosifs, se fatiguent rapidement. Les fibres à contraction lente, en revanche, sont moins puissantes mais ont une meilleure endurance. Le rapport entre ces deux types de fibres varie d'un individu à l'autre, déterminant en partie notre performance dans des disciplines spécifiques. Les coureurs de fond, par exemple, ont tendance à avoir un pourcentage plus élevé de fibres à contraction lente, tandis que les sprinteurs se caractérisent par une plus grande proportion de fibres à contraction rapide.

La science de l'effort ne se limite pas uniquement à la physiologie musculaire. Elle englobe également des aspects psychologiques qui influencent notre capacité à performer. La fatigue est un phénomène complexe, non seulement physique mais aussi mental. Lorsque nous ressentons de la fatigue, notre corps envoie des signaux à notre cerveau pour nous avertir qu'il est temps de ralentir ou d'arrêter. Cependant, ce signal peut être influencé par notre état d'esprit. Par exemple, des athlètes entraînés peuvent percevoir la douleur différemment de ceux qui sont moins expérimentés. La manière dont nous appréhendons la douleur et la fatigue peut donc déterminer notre capacité à persister dans l'effort. L'importance de l'entraînement ne saurait être sous-estimée. Il s'agit d'un processus qui permet non seulement d'améliorer nos capacités physiques, mais également de renforcer notre mental. Par l'entraînement régulier, nous pouvons modifier notre corps pour qu'il s'adapte aux efforts demandés. Cela se traduit par une augmentation de notre endurance, une amélioration de notre force musculaire et une meilleure capacité à récupérer. À mesure que nous repoussons nos limites, notre corps s'adapte en créant de nouvelles connexions neuronales et en optimisant l'utilisation de l'énergie.

Un autre aspect essentiel de la science des limites est la nutrition. Ce que nous consommons a un impact direct sur notre capacité à fournir des efforts. Une alimentation équilibrée et adaptée à notre type d'effort peut maximiser notre performance. Les glucides, par exemple, sont essentiels pour alimenter nos efforts aérobiques, tandis que les protéines jouent un rôle clé dans la réparation et la construction musculaire. L'hydratation est également cruciale, car une déshydratation, même légère, peut affecter notre performance et augmenter le risque de blessure. En prenant soin de notre nutrition, nous préparons notre corps à exceller.

La gestion de la récupération est une autre composante incontournable dans la compréhension des limites du corps. Après un effort intense, notre corps a besoin de temps pour se régénérer. La récupération active, qui implique des activités légères, peut favoriser la circulation sanguine et aider à éliminer les toxines accumulées pendant l'effort. Des pratiques telles que l'étirement, le massage et les techniques de relaxation peuvent également améliorer la récupération et prévenir les blessures. En intégrant ces éléments dans notre routine, nous permettons à notre corps de se reconstruire et de se renforcer pour les défis futurs.

Enfin, il est important de reconnaître que nos limites évoluent. Ce que nous considérons comme impossible aujourd'hui peut devenir réalisable demain avec du temps, de l'entraînement et de la persévérance. Chaque petit progrès, chaque défi relevé nous rapproche de notre potentiel maximum. En embrassant cette idée de croissance et d'évolution, nous pouvons transformer notre rapport aux limites. La science des limites est un domaine fascinant qui nous permet de mieux comprendre notre corps et notre esprit. En apprenant à optimiser nos efforts et à respecter nos limites, nous nous donnons les moyens de réaliser des exploits que nous n'aurions jamais cru possibles. Ce parcours, bien qu'exigeant, est également extrêmement gratifiant. En repoussant nos horizons, nous mettons à jour notre potentiel physique ainsi que la richesse de notre force intérieure insoupçonnée.

Au-delà de l'effort l'esprit ouvre la voie de la résilience.

La résilience est souvent décrite comme la capacité à surmonter l'adversité, à se relever après une chute, à faire face aux défis et à continuer à avancer malgré les obstacles. Dans le contexte du sport et de l'effort physique, la résilience prend une dimension particulière. C'est lorsque le corps atteint ses limites que l'esprit doit prendre le relais, devenant la clé qui permet de transcender la douleur et la fatigue.

Pour comprendre le rôle de l'esprit dans la résilience, il est essentiel d'explorer la manière dont les athlètes gèrent la douleur et l'inconfort. La douleur physique est un signal que notre corps envoie pour indiquer qu'il est temps de ralentir ou d'arrêter. Cependant, cette perception de la douleur peut être modulée par notre état d'esprit. Des athlètes entraînés apprennent à redéfinir leur relation à la douleur, la considérant non pas comme un obstacle, mais comme un allié qui fait partie du processus d'amélioration. En transformant la douleur en un indicateur de progrès, ils développent une mentalité de dépassement.

La gestion de l'effort mental est tout aussi cruciale. Lorsque les temps deviennent durs, l'esprit joue un rôle déterminant dans la capacité à persister. Des techniques telles que la visualisation et la concentration permettent aux athlètes de maintenir leur motivation et leur engagement. En visualisant leur réussite, ils créent des images mentales qui alimentent leur détermination et les aident à rester focalisés sur leurs objectifs. Cette forme de préparation mentale est souvent ce qui distingue les athlètes performants des autres. En s'entraînant à se projeter dans des situations difficiles, ils renforcent leur confiance en eux et leur capacité à réagir face à l'adversité.

Un autre aspect fondamental de la résilience est la persévérance. La route vers la réussite est semée d'embûches, et chaque athlète rencontrera inévitablement des échecs et des revers. La façon dont ils réagissent à ces situations est déterminante. Les athlètes résilients voient les échecs comme des occasions d'apprentissage. Chaque revers devient une leçon, une opportunité de s'améliorer et de se préparer pour les défis futurs. Cette capacité à transformer les obstacles en opportunités de croissance est ce qui forge un caractère résilient.

La gestion du stress et de l'anxiété est aussi un aspect essentiel de la résilience. Le stress peut souvent s'accumuler en raison de la pression liée à la performance, des attentes personnelles ou des défis externes. Apprendre à gérer ce stress est vital pour maintenir un état d'esprit positif. Des techniques telles que la méditation, la respiration profonde et la pleine conscience peuvent aider à calmer l'esprit et à se recentrer sur l'instant présent. En développant des stratégies pour faire face à l'anxiété, les athlètes peuvent créer un espace mental où la clarté et la concentration peuvent prospérer.

La communauté joue également un rôle significatif dans le développement de la résilience. Se sentir soutenu par les autres, que ce soit par des coéquipiers, des entraîneurs ou des amis, peut renforcer notre capacité à surmonter les défis. Les encouragements mutuels et la camaraderie créent un environnement propice à la croissance personnelle. Dans les moments difficiles, savoir que l'on n'est pas seul et que d'autres partagent nos luttes peut offrir un réconfort et une motivation supplémentaires.

Il est aussi important de reconnaître que la résilience n'est pas innée, mais peut être cultivée. Tout comme les muscles, notre résilience peut être renforcée par la pratique et l'expérience. S'engager dans des situations qui nous poussent hors de notre zone de confort est une manière efficace de développer cette qualité. Chaque défi relevé, chaque moment de doute surmonté, contribue à construire une base solide de résilience qui pourra être mobilisée dans des moments futurs. En définitive, la résilience est une danse délicate entre le corps et l'esprit. Alors que le corps peut atteindre ses limites physiques, l'esprit a le pouvoir de prendre le relais, de puiser dans des réserves insoupçonnées et de continuer à avancer. Cette interaction souligne l'importance de travailler sur nos capacités physiques ainsi que sur notre mental. En cultivant une attitude positive, en apprenant à gérer la douleur et le stress, et en s'appuyant sur une communauté de soutien, nous pouvons développer une résilience qui nous permettra de dépasser nos limites.

La clé de la résilience réside donc dans cette connexion profonde entre le corps et l'esprit. En embrassant cette dynamique, nous ne faisons pas seulement face aux défis ; nous les surmontons. Chaque pas vers l'avant devient une affirmation de notre force intérieure et de notre détermination à poursuivre nos objectifs, peu importe les obstacles. Ce chemin vers la résilience est un voyage qui nous transforme, nous apprend et nous rapproche de notre plein potentiel.

L'adrénaline et la performance apparaissent comme le moteur de l'exploit.

L'adrénaline, connue comme l'hormone du stress, joue un rôle essentiel dans la performance humaine, surtout dans des contextes où l'effort physique et mental est intensifié. Libérée par les glandes surrénales, cette hormone agit rapidement pour préparer le corps à réagir face à des situations exigeantes, qu'il s'agisse d'une compétition sportive, d'un défi professionnel ou d'une épreuve personnelle. Dans le monde de la course, par exemple, l'adrénaline peut faire la différence entre la réussite et l'échec, agissant comme un véritable carburant caché pour les coureurs. Lorsqu'un individu se prépare à une épreuve, la montée d'adrénaline peut entraîner une série de réponses physiologiques. La fréquence cardiaque augmente, les voies respiratoires se dilatent, et le flux sanguin est redirigé vers les muscles. Ce mécanisme permet aux athlètes de bénéficier d'un regain d'énergie et d'une endurance accrue. La perception de la douleur et de la fatigue peut également diminuer, permettant à l'athlète de poursuivre son effort malgré les signaux corporels indiquant qu'il est temps de s'arrêter. Dans ce contexte, l'adrénaline se révèle être un atout précieux, facilitant l'entrée dans une zone de performance optimale.

La zone de performance, souvent appelée "état de flow", est un état mental dans lequel un individu est totalement immergé dans une activité. Dans cet état, le coureur ressent une concentration intense, une clarté mentale et une sensation d'euphorie. L'adrénaline est un catalyseur clé dans ce processus, car elle aide à déclencher cette expérience transcendantale. Les athlètes décrivent souvent cet état comme étant à la fois stimulant et libérateur, où le temps semble s'arrêter et où chaque mouvement est parfaitement synchronisé avec l'effort. C'est un moment où les capacités physiques et mentales s'harmonisent, permettant d'atteindre des performances que l'on pourrait croire impossibles.

Cependant, il est crucial de noter que l'adrénaline n'est pas une panacée. Une libération excessive peut également engendrer de l'anxiété, de la tension et des effets contre-productifs. Lorsque l'adrénaline est trop élevée, les coureurs peuvent éprouver des difficultés à se concentrer, à prendre des décisions rapides et à maintenir leur rythme. Par conséquent, apprendre à réguler cette réponse hormonale est essentiel pour exploiter pleinement ses avantages. Cela nécessite une compréhension fine de soi-même, une capacité à reconnaître les signes d'excès d'adrénaline et à développer des stratégies pour retrouver un équilibre.

Pour tirer parti de l'adrénaline comme carburant caché, les athlètes doivent développer des techniques de gestion du stress. La respiration contrôlée est l'une des méthodes les plus efficaces pour apaiser le corps et l'esprit. En se concentrant sur des respirations profondes et régulières, les coureurs peuvent diminuer les niveaux d'adrénaline excessifs et favoriser une concentration optimale. La visualisation est également une technique puissante. En s'imaginant réussir une course ou surmonter des obstacles, les coureurs peuvent stimuler leur confiance en eux et préparer mentalement leur corps à l'effort à venir.

L'entraînement joue un rôle fondamental dans l'adaptation à l'adrénaline. Au fur et à mesure que les coureurs accumulent des expériences, leur corps apprend à gérer et à répondre de manière plus efficace aux poussées d'adrénaline. Les entraînements intenses et les compétitions permettent de simuler des situations de stress, aidant les athlètes à s'habituer à la réponse d'adrénaline et à en tirer parti. Cette préparation mentale et physique est essentielle pour atteindre la zone de performance, car elle renforce la confiance en soi et la résilience.

La préparation psychologique est tout aussi importante. Les coureurs doivent apprendre à dominer leurs peurs et leurs doutes, qui peuvent constituer des verrous psychologiques. La peur de l'échec, par exemple, peut paralyser l'athlète et l'empêcher d'atteindre son potentiel. En développant des techniques de gestion du stress mental, comme la pleine conscience et la méditation, les coureurs peuvent apprendre à apaiser leur esprit, à se concentrer sur l'instant présent et à embrasser l'inconnu. Cela favorise un état d'esprit positif et ouvert, propice à l'atteinte de performances optimales.

La souffrance, souvent redoutée par les coureurs, peut également être transformée en une alliée précieuse. Chaque coureur a fait l'expérience de la douleur physique et mentale, mais apprendre à l'accepter comme une partie intégrante du processus peut renforcer la détermination. En prenant la souffrance comme un signe de croissance et d'adaptation, les coureurs peuvent puiser dans cette douleur pour se motiver davantage. La douleur peut ainsi devenir une source de force, un rappel que chaque effort compte et que les limites peuvent être repoussées.

L'adrénaline, en tant que carburant caché, est donc un facteur clé dans la quête de performance. En apprenant à la réguler, à la maîtriser et à la transformer en énergie positive, les coureurs peuvent non seulement améliorer leurs performances, mais aussi découvrir de nouvelles dimensions de leur potentiel. Chaque course devient alors une occasion d'explorer les limites de leur corps et de leur esprit, et de repousser l'horizon des possibles.

Dominer la peur et le doute, véritables verrous psychologiques du coureur.

Dans le monde de la course, la peur et le doute sont des compagnons fréquents qui peuvent limiter les performances et entraver la progression des coureurs. Ces émotions, souvent considérées comme des obstacles, peuvent en réalité devenir des verrous psychologiques puissants. Apprendre à les reconnaître et à les surmonter est essentiel pour libérer son potentiel et atteindre des niveaux de performance supérieurs. Les coureurs, qu'ils soient amateurs ou professionnels, doivent développer des stratégies pour maîtriser ces émotions, transformant ainsi la peur et le doute en forces motrices.

La peur prend de nombreuses formes dans le parcours d'un coureur. Elle peut se manifester sous forme d'appréhension avant une compétition, de crainte de l'échec ou même de peur de la douleur physique. Parfois, cette peur est alimentée par des expériences passées, où un coureur a peut-être rencontré des difficultés ou a subi des blessures. Ces souvenirs peuvent créer une anxiété anticipatoire, qui paralyse le coureur avant même qu'il ne commence à s'élancer. Cette anxiété peut également se manifester dans des situations d'entraînement, où le coureur se retrouve confronté à des défis qu'il juge insurmontables. Pour surmonter la peur, il est essentiel de comprendre son origine. La peur est souvent une réponse naturelle au stress et à l'inconnu. En prenant le temps de réfléchir à ce qui déclenche cette peur, les coureurs peuvent commencer à désamorcer son pouvoir. La pratique de la pleine conscience peut être un outil précieux dans ce processus. En apprenant à se concentrer sur le moment présent, les coureurs peuvent réduire les pensées négatives et se détacher de l'angoisse liée à des événements futurs. La méditation, même brève, peut aider à apaiser l'esprit et à clarifier les pensées.

Le doute, quant à lui, est une autre émotion qui peut paralyser les coureurs. Il s'installe souvent après des performances en deçà des attentes ou des comparaisons avec d'autres coureurs. Ces pensées autodestructrices peuvent s'immiscer dans l'esprit et diminuer la confiance en soi. Lorsqu'un coureur commence à douter de ses capacités, il risque de se retrouver piégé dans un cycle négatif. Ce doute peut se manifester par des hésitations avant une course, une perte de motivation à s'entraîner ou une incapacité à donner le meilleur de soi-même pendant l'effort.

Pour combattre le doute, il est crucial de construire une mentalité de croissance. Cela implique de voir les erreurs et les échecs non pas comme des signes de faiblesse, mais comme des occasions d'apprendre et de grandir. En changeant la narration intérieure, les coureurs peuvent commencer à renforcer leur confiance en eux. La rédaction d'un journal de course peut être un excellent moyen de suivre ses progrès, d'identifier les moments de doute et de célébrer les réussites, même les plus petites. Cela aide à créer une vision plus équilibrée de ses capacités et à renforcer la résilience mentale.

Les affirmations positives sont également un outil puissant pour dominer la peur et le doute. En répétant des phrases encourageantes, les coureurs peuvent commencer à reprogrammer leur esprit pour favoriser la confiance. Ces affirmations, lorsqu'elles sont intégrées dans la routine quotidienne, peuvent devenir une seconde nature, offrant un soutien mental lors des moments difficiles. Visualiser des réussites passées ou imaginer des scénarios positifs lors de compétitions peut également renforcer la confiance. En se voyant triomphant, le coureur se conditionne mentalement à agir avec assurance.

La préparation physique joue également un rôle crucial dans la gestion de la peur et du doute. En s'entraînant régulièrement et en se préparant minutieusement pour une course, les coureurs peuvent renforcer leur confiance en leurs capacités. La connaissance de leur condition physique et de leurs performances précédentes peut apaiser les craintes et réduire l'anxiété. En intégrant des entraînements variés, y compris des simulations de course, les coureurs peuvent se familiariser avec les exigences de l'événement et diminuer le stress lié à l'inconnu. La manière dont les coureurs abordent la compétition elle-même peut influer sur leur gestion de la peur et du doute. Adopter une mentalité axée sur le plaisir et l'apprentissage plutôt que sur la performance pure peut réduire la pression ressentie avant une course. En se concentrant sur le processus plutôt que sur le résultat final, les coureurs peuvent relâcher la tension et apprécier l'expérience. Cela permet de créer une atmosphère plus détendue et propice à la performance.

La lutte contre la peur et le doute est un voyage continu, et chaque coureur doit développer ses propres stratégies pour les surmonter. L'apprentissage de la résilience et de la maîtrise de soi est essentiel non seulement pour améliorer les performances sportives, mais aussi pour la vie quotidienne. En transformant ces émotions négatives en occasions de croissance, les coureurs peuvent libérer leur potentiel et se rapprocher de leurs objectifs.

En définitive, dominer la peur et le doute est un processus complexe mais enrichissant qui nécessite du temps, de la patience et de la persévérance. Les coureurs qui s'engagent sur ce chemin découvrent non seulement des moyens d'améliorer leur performance, mais également des leçons précieuses sur eux-mêmes et leur capacité à surmonter les défis. En transformant ces verrous psychologiques en leviers de réussite, chaque coureur peut se rapprocher de ses aspirations les plus élevées, ouvrant ainsi la voie à de nouvelles expériences et à un potentiel inexploré.

Faire de la douleur et la souffrance des alliés.

Dans le parcours d'un coureur, la souffrance est souvent perçue comme une adversaire. Cependant, cette douleur peut également devenir une alliée précieuse, capable de catalyser le développement personnel et d'améliorer les performances. Comprendre et accepter la souffrance comme un élément inévitable de l'effort physique est essentiel pour tout athlète désireux de transcender ses limites.

En transformant cette douleur en force, les coureurs peuvent apprendre à apprécier leur parcours, à renforcer leur résilience et à atteindre des niveaux de performance qu'ils n'auraient jamais imaginés.

La souffrance physique, qu'elle soit liée à la fatigue musculaire, à l'essoufflement ou à la douleur articulaire, est une réalité à laquelle tous les coureurs sont confrontés. Lors d'un marathon, par exemple, la sensation de brûlure dans les muscles peut devenir écrasante, et chaque pas peut sembler plus difficile que le précédent. Cette douleur, souvent interprétée comme un signal d'alarme du corps, est en réalité un signe que les muscles travaillent au maximum de leurs capacités. Apprendre à écouter ces signaux et à les accepter sans céder à la panique est la première étape pour transformer la souffrance en force.

Pour de nombreux coureurs, la douleur est une source d'anxiété. Elle évoque la peur de se blesser ou de ne pas être capable de terminer la course. Cependant, en changeant la perception de la douleur, les coureurs peuvent commencer à l'appréhender comme un outil de croissance. En comprenant que la souffrance est souvent temporaire et qu'elle fait partie intégrante du processus d'entraînement, ils peuvent se préparer mentalement à la gérer. Cette acceptation est essentielle pour développer une mentalité résiliente, permettant de voir la douleur non pas comme une fin, mais comme un passage vers un meilleur soi.

Les techniques de gestion de la douleur sont essentielles pour aider les coureurs à transformer la souffrance en force. La respiration consciente, par exemple, est une méthode efficace pour diminuer la perception de la douleur. En se concentrant sur des respirations profondes et régulières, les coureurs peuvent apaiser leur esprit et détendre leur corps, réduisant ainsi l'intensité de la douleur ressentie. La méditation et la pleine conscience sont également des outils précieux, permettant de cultiver un état d'esprit positif et de réduire l'anxiété liée à la souffrance.

Une autre approche consiste à se fixer des objectifs clairs et réalisables. Lorsqu'un coureur s'engage à atteindre un objectif spécifique, la douleur prend une autre dimension. Au lieu de se concentrer uniquement sur la souffrance, l'athlète peut se concentrer sur le chemin à parcourir pour atteindre cet objectif. Cela crée un cadre dans lequel la douleur est perçue comme un moyen d'y parvenir. Les coureurs apprennent ainsi à associer la douleur à des progrès et à des accomplissements, ce qui renforce leur motivation.

L'une des stratégies les plus puissantes pour surmonter la douleur est de la redéfinir. Les coureurs peuvent apprendre à voir la souffrance comme un signe de progrès et de renforcement. Chaque douleur ressentie devient un témoignage de l'effort fourni et de l'engagement envers leurs objectifs. En cultivant cette mentalité, la douleur cesse d'être une menace et devient une étape normale du processus. Les coureurs développent alors une perspective qui valorise la souffrance comme un élément essentiel de la croissance personnelle.

La transformation de la douleur en force peut également passer par l'apprentissage de la patience et de la persévérance. Le chemin du coureur est parsemé de défis, et il est normal de rencontrer des périodes de souffrance. Apprendre à naviguer à travers ces moments difficiles, sans abandonner, développe une résilience qui va au-delà du sport. Chaque fois qu'un coureur fait face à la douleur et continue à avancer, il renforce non seulement son corps, mais aussi son esprit. Cette résilience acquise sur le terrain peut ensuite se traduire dans d'autres aspects de la vie, permettant de surmonter des obstacles avec plus de confiance.

La souffrance peut également être vue comme une occasion de se connecter plus profondément avec soi-même. Dans les moments de douleur intense, les coureurs sont souvent confrontés à leurs limites et à leurs vérités intérieures. C'est dans ces instants de vulnérabilité que l'on peut découvrir la force intérieure insoupçonnée. Cette connexion avec soi-même, renforcée par l'acceptation de la souffrance, peut conduire à une meilleure compréhension de ses propres motivations et de ses aspirations. Cela permet de redéfinir le rapport au sport et à l'effort.

Pour de nombreux coureurs, l'idée de transformer la douleur en force se manifeste également dans la réalisation de leurs objectifs. Chaque fois qu'un coureur surmonte une période de souffrance pour franchir la ligne d'arrivée, il ressent un profond sentiment d'accomplissement. Cette expérience renforce la confiance en soi et démontre que la souffrance peut être une étape vers la réussite. L'atteinte d'objectifs, même modestes, renforce la conviction que la douleur peut être une alliée dans la quête de l'excellence.

En somme, la souffrance peut être un puissant moteur de transformation. En apprenant à l'accueillir à la comprendre et à la gérer, les coureurs peuvent découvrir en eux-mêmes une force insoupçonnée. Chaque pas dans la douleur devient une occasion de grandir, d'évoluer et de se rapprocher de ses aspirations. La souffrance, loin d'être un simple obstacle, devient alors un élément catalyseur, permettant aux coureurs de dépasser leurs limites et d'atteindre des sommets inexplorés.

Ressentir la puissance du collectif en courant ensemble.

Dans le monde de la course, l'idée de courir seul est souvent valorisée, mais l'expérience collective de la course peut offrir des avantages inestimables. La puissance du collectif réside dans la capacité des coureurs à se soutenir mutuellement, à partager des expériences et à créer une dynamique qui transcende les limites individuelles. En courant ensemble, les athlètes découvrent en même temps une source de motivation, une identification au groupe et une enrichissante expérience humaine qui peuvent transformer leur pratique et renforcer leur passion pour la course.

L'un des aspects les plus marquants de la course en groupe est la motivation que les coureurs ressentent les uns pour les autres. Lorsque des individus s'entraînent ensemble, ils se poussent mutuellement à donner le meilleur d'eux-mêmes. Cette dynamique de groupe crée un environnement où chacun se sent encouragé à sortir de sa zone de confort. En se fixant des objectifs collectifs, comme terminer une course ou améliorer un temps, les coureurs peuvent se soutenir dans leurs efforts, renforçant ainsi leur détermination. La simple présence d'autres coureurs peut suffire à atténuer la fatigue et à rendre l'entraînement plus agréable et gratifiant.

La camaraderie qui se développe au sein d'un groupe de coureurs joue un rôle crucial dans la motivation. Partager des expériences, qu'elles soient positives ou négatives, permet de créer des liens forts entre les membres du groupe. Ces relations peuvent être particulièrement précieuses lors de moments difficiles, comme lors d'une course éprouvante. Savoir que d'autres partagent les mêmes défis et émotions renforce le sentiment d'appartenance et incite chacun à persévérer.

136

La solidarité qui émane de cette communauté permet aux coureurs de faire face à la douleur et à la fatigue avec un état d'esprit plus positif.

La course en groupe permet également de bénéficier d'une diversité de compétences et de connaissances. Les coureurs expérimentés peuvent partager leurs conseils et leurs stratégies avec les débutants, créant ainsi un environnement d'apprentissage enrichissant. Chaque membre du groupe apporte sa propre expertise, ses expériences et ses astuces, ce qui peut être extrêmement bénéfique pour améliorer les performances de chacun. Cette transmission de savoirs crée un cercle vertueux où l'ensemble du groupe s'élève, permettant à chacun de progresser à son rythme tout en bénéficiant du soutien des autres.

De plus, l'aspect social de la course communautaire contribue à rendre l'expérience plus enrichissante. Courir avec d'autres transforme l'effort physique en un moment de convivialité. Les discussions, les rires et les partages d'histoires pendant l'entraînement créent un cadre où la course devient un véritable plaisir. Cette dimension collective peut également aider à atténuer la solitude que certains coureurs ressentent en s'entraînant seuls. En se regroupant, les coureurs établissent des relations qui dépassent le cadre sportif, renforçant ainsi leur engagement envers la course.

La puissance du collectif est également mise en avant lors des compétitions. Participer à des courses en équipe, comme des relais ou des marathons par équipes, permet aux coureurs de vivre des moments intenses de partage et d'émotion. La joie des victoires est amplifiée lorsqu'elle est célébrée ensemble, et la déception des échecs peut être atténuée par le soutien des coéquipiers. Ces expériences collectives créent des souvenirs inoubliables et renforcent les liens entre les membres du groupe. La sensation de franchir une ligne d'arrivée ensemble est une expérience profondément gratifiante, ancrée dans un sentiment d'accomplissement partagé.

En plus des bénéfices psychologiques, courir en groupe permet également d'améliorer la performance physique. L'entraînement collectif offre l'opportunité de se mesurer à d'autres coureurs, ce qui peut pousser chacun à donner le meilleur de soi-même. La présence d'autres athlètes stimule la compétition saine, incitant chacun à améliorer ses performances. De plus, les groupes peuvent organiser des entraînements spécifiques, tels que des séances de vitesse ou de renforcement musculaire, permettant aux membres d'affiner leurs compétences et d'atteindre des objectifs communs.

Les défis d'un entraînement collectif peuvent également renforcer la résilience mentale des coureurs. Lorsque des membres d'un groupe font face à des épreuves, comme des conditions météorologiques difficiles ou des parcours exigeants, ils apprennent à s'appuyer les uns sur les autres pour surmonter ces obstacles. Cette dynamique d'entraide permet de développer une mentalité de croissance et de persévérance. Les coureurs qui font face ensemble à l'adversité en ressortent souvent plus forts et plus déterminés à atteindre leurs objectifs.

Il est important de reconnaître que le moindre coureur apporte une énergie unique au groupe. Les différences de niveau, d'expérience et de motivation peuvent initialement sembler être des obstacles, mais elles constituent en réalité une richesse. Chacun a la possibilité d'apprendre des autres et de grandir grâce à cette diversité. Les coureurs débutants, en s'entraînant aux côtés de coureurs plus expérimentés, acquièrent des compétences précieuses, tandis que ces derniers trouvent une nouvelle inspiration dans l'enthousiasme des novices. Cette interaction enrichissante contribue à la création d'un environnement positif et stimulant.

Enfin, la course en groupe peut également avoir un impact sur la santé mentale des coureurs. L'exercice physique est déjà reconnu pour ses effets bénéfiques sur le bien-être psychologique, et courir ensemble renforce encore cette dynamique. Les échanges et le soutien mutuel offerts par le groupe peuvent atténuer le stress, l'anxiété et la dépression. En créant un espace où chacun se sent compris et valorisé, la course collective permet de favoriser un état d'esprit positif et de cultiver une meilleure qualité de vie. En somme, la puissance du collectif dans la course est indéniable. Courir ensemble offre une multitude de bénéfices, allant de l'amélioration des performances à la création de liens solides et durables. En s'appuyant sur la motivation mutuelle, le partage d'expériences et la solidarité, les coureurs peuvent surmonter les obstacles, repousser leurs limites et célébrer ensemble leurs réussites. La course se transforme en une aventure collective enrichissante, où chaque membre contribue à la force du groupe. En embrassant la puissance du collectif, les coureurs découvrent une nouvelle dimension de leur passion, leur permettant d'aller plus loin que jamais.

8.

La Bataille intérieure.

Une course ne se gagne pas uniquement avec des jambes. Elle se joue d'abord dans l'esprit, dans cette capacité à résister, à gérer l'effort, à transformer la souffrance en moteur. Courir, c'est entrer dans une bataille silencieuse où chaque pensée compte, où chaque stratégie peut faire la différence. L'endurance est un équilibre subtil entre le corps et le mental, une alchimie où la volonté devient une arme redoutable.

L'appel de la ligne de départ.

Lorsque le coureur se place sur la ligne de départ d'une course, il se tient au seuil d'un moment charnière. Bien plus qu'une simple démarcation géographique, la ligne de départ marque la frontière entre le monde de l'entraînement, un espace familier où chaque effort est maîtrisé, et l'univers de la compétition, où la douleur, la fatigue, et les doutes se mêlent dans un cocktail d'incertitudes. La ligne de départ est ce lieu mystique où tout est encore possible, où l'on peut rêver d'une performance optimale, où l'on se prépare à tout donner. C'est ici que l'athlète se libère de la discipline et des répétitions quotidiennes pour entrer dans un mode totalement différent, celui de l'affrontement contre d'autres coureurs et aussi contre soi-même. Les coureurs, au moment où le signal retentit, sont comme des chevaux au départ de la course, prêts à bondir. Leur esprit est tendu, concentré, leur corps dans un état de préparation maximale. Chaque muscle vibre d'anticipation, chaque respiration est contrôlée. Mais au-delà de l'aspect physique, l'appel de la ligne de départ est aussi un appel psychologique, une invitation à repousser ses propres limites. Car même si, sur le papier, cette ligne marque le début de la compétition contre d'autres, c'est avant tout le début d'une compétition intérieure.

En ce moment précis, la compétition n'est plus uniquement une question de vitesse ou de stratégie pour devancer les autres. C'est un voyage dans lequel chaque coureur cherche à transcender son propre potentiel. L'athlète connaît ses limites, il les a déjà éprouvées dans l'intimité de l'entraînement, dans la solitude des longues sorties, dans les séances de fractionné où chaque souffle devient un défi. Mais sur la ligne de départ, l'incertitude s'ajoute à cette équation. Les conditions externes, le stress de la course, la présence d'autres concurrents, peuvent tout bouleverser. Le coureur est confronté à un double défi, celui de performer au plus haut niveau, et celui de savoir s'il peut encore repousser ces limites physiques et mentales qu'il croit avoir atteintes.

La tension qui s'installe sur la ligne de départ est palpable. C'est une sorte d'électricité dans l'air, un frémissement qui traverse le peloton. Le coureur vit cet instant de manière unique, en fonction de son expérience, de ses attentes, de ses objectifs. Certains sont pleins d'espoir, d'autres plus nerveux, d'autres encore semblent résolus et impassibles. Ce moment d'attente avant le signal de départ est une sorte de respiration suspendue, comme une pause dans le temps, où chacun se prépare à franchir ce seuil symbolique. Le regard se fixe sur l'horizon, les mains tremblent parfois, le souffle est court. La perspective de l'effort à venir occupe toutes les pensées, et pourtant, un certain calme semble envahir l'esprit, une sérénité presque paradoxale, comme une acceptation du défi. À ce moment, chaque coureur porte en lui une combinaison d'émotions, de doutes et de rêves. La ligne de départ devient un miroir de ses ambitions et de ses craintes. C'est là que se fait la distinction entre les coureurs : certains chercheront la performance pure, d'autres le simple accomplissement personnel. Mais dans tous les cas, l'appel de la ligne de départ résonne comme une promesse : celle d'un dépassement, celle d'un accomplissement, d'une aventure où tout peut arriver.

Mais derrière cet appel à la performance, il y a aussi un aspect de défi intérieur. En s'élançant sur la ligne de départ, chacun se lance dans un combat personnel. La compétition n'est pas uniquement contre les autres athlètes, elle est avant tout contre soi-même. La foulée est une conquête sur la fatigue, la douleur, le doute. C'est un affrontement contre l'ego, une bataille silencieuse dans laquelle l'athlète cherche à se prouver qu'il est capable de plus, qu'il est capable de surmonter l'angoisse de l'échec et la peur de ne pas être à la hauteur. Ce duel intérieur commence dès les premiers pas de la course. Les pensées envahissantes surgissent : « Est-ce que je vais tenir ? », « Est-ce que je suis prêt pour ce défi ? » Le corps, bien que préparé par les semaines d'entraînement, ressent une certaine lourdeur, un inconfort. La respiration se fait plus saccadée à mesure que le rythme de la course augmente, et l'esprit s'efforce de garder son calme. Mais au fur et à mesure que les kilomètres défilent, le coureur entre dans une zone de résistance mentale. Il apprend à gérer l'instant où l'effort semble trop lourd, où la fatigue commence à se faire sentir de manière intense. À cet instant précis, il est seul avec ses pensées, seul face à la ligne invisible qui sépare la victoire du renoncement.

Mais l'appel de la ligne de départ, dans sa dimension symbolique, va bien au-delà du simple moment de tension avant le coup de feu. Ce moment est la promesse de ce qui est à venir, une promesse d'accomplissement et de découverte. La compétition n'est pas seulement un test de force physique, elle est aussi une exploration des ressources mentales et émotionnelles de chaque coureur. Elle est un voyage dans lequel le dépassement de soi devient la véritable récompense. Au-delà du chrono, au-delà des autres coureurs, il y a la quête de la meilleure version de soi-même, une version qui ne se contente pas de ce qu'elle sait déjà, mais qui cherche toujours à s'améliorer, à se perfectionner, à repousser encore plus loin les frontières du possible.

Ainsi, la ligne de départ n'est pas un simple endroit physique où commence la course, mais bien un point de départ d'une réflexion personnelle. C'est le premier pas d'un chemin qui mêle défi personnel, persévérance et accomplissement. Elle marque le début d'une aventure où l'athlète s'engage non seulement contre les autres, mais surtout contre ses propres peurs et ses doutes. C'est là toute la beauté de la compétition en course à pied : c'est une quête de soi, une exploration du corps et de l'esprit, un appel à aller toujours plus loin.

La stratégie de course ou l'art de gérer l'effort.

L'un des aspects les plus fascinants et parfois les plus complexes de la compétition en course à pied réside dans la stratégie de course. Bien que la vitesse brute soit évidemment un facteur déterminant, elle ne constitue qu'une partie de l'équation. En réalité, le succès d'un coureur ne dépend pas uniquement de sa rapidité ou de sa capacité à accélérer, mais de sa capacité à gérer l'effort, à savoir où et quand appuyer sur l'accélérateur, et quand ralentir pour économiser ses forces. Dans une course, chaque décision prise, chaque variation de rythme, chaque seconde où l'on choisit d'accélérer ou de maintenir son allure, a un impact significatif sur la performance. La stratégie de course, en tant qu'art et science, consiste à planifier et à ajuster l'effort au fil du parcours, en fonction des conditions et des sensations du moment.

Pour les coureurs, la gestion de l'effort ne commence pas seulement au moment du départ, mais dès les premières secondes après le coup de feu. En effet, l'un des pièges les plus courants, surtout chez les amateurs, est l'excès d'enthousiasme qui conduit à partir trop vite. L'euphorie du départ, avec l'adrénaline qui pulse dans les veines, peut facilement faire oublier la réalité de l'effort à venir. La première étape de la stratégie, c'est donc de rester calme, de résister à la tentation de courir trop vite. Le coureur expérimenté sait que la vitesse initiale peut être décisive pour la gestion de la course sur la durée. Un excès de vitesse dans les premiers kilomètres peut causer une surcharge physique et mentale, menant à un épuisement prématuré. À l'inverse, une gestion prudente du départ, même en maintenant une vitesse modérée, permet de se réserver des ressources pour les moments décisifs à venir.

Il existe une multitude de stratégies en fonction des types de courses et des objectifs de chaque participant. Sur des distances plus courtes, comme le 5 km ou le 10 km, l'objectif est souvent d'atteindre une allure soutenue dès le début. Le coureur doit savoir maintenir une vitesse élevée sans céder à l'envie d'accélérer trop tôt. Il faut aussi être capable d'apprécier le moment où il est temps d'accélérer – en particulier dans les derniers kilomètres – pour exploiter au maximum ses réserves d'énergie. La stratégie dans ces courses est davantage axée sur un équilibre délicat entre l'effort soutenu et la capacité à tenir ce rythme sur la durée. Si la gestion du départ est cruciale, la gestion de l'accélération en fin de course devient elle aussi essentielle pour optimiser la performance.

En revanche, les courses longues distances, comme le marathon, exigent une approche tout autre. Dans ce type de compétition, la gestion de l'effort prend une dimension plus complexe et plus subtile. Le marathonien ne peut pas s'attaquer à la course avec la même mentalité qu'un coureur de 10 km. Il doit chercher un rythme qui soit durable pendant plusieurs heures. Cela signifie qu'il faut impérativement éviter de partir trop vite, même si l'envie est de suivre le peloton de tête. La stratégie de course sur une longue distance consiste avant tout à maintenir un rythme constant et régulier, afin de préserver ses forces. Chaque changement d'allure, chaque variation de vitesse, peut provoquer une dépense d'énergie supplémentaire. C'est pourquoi il est essentiel d'avoir une stratégie claire : certains coureurs opteront pour une gestion uniforme de leur allure, d'autres utiliseront des variations subtiles de rythme pour économiser des forces en début de course et les relâcher au moment propice.

Au-delà de l'aspect physique de la gestion de l'effort, une autre dimension importante de la stratégie de course réside dans l'aspect mental. La capacité à rester concentré, à garder son calme sous la pression de la compétition, est souvent ce qui fait la différence entre ceux qui réussissent et ceux qui échouent. Dans des courses longues comme le marathon, la fatigue s'installe lentement mais sûrement, et les décisions prises en période de grande souffrance mentale sont souvent celles qui définissent une performance réussie ou un abandon prématuré. Le mental joue un rôle crucial dans la gestion de la douleur, dans le choix de maintenir un rythme constant malgré la fatigue ou dans la décision d'augmenter l'intensité à un moment clé. La gestion du mental est donc un aspect indispensable de la stratégie de course, et cette compétence se développe à force de pratique et d'expérience.

Le rôle du coureur expérimenté réside dans sa capacité à savoir quand puiser dans ses réserves. En fonction des sensations, de la fatigue accumulée et des performances des autres coureurs, il doit savoir ajuster son effort. Une bonne stratégie de course prend également en compte la gestion des moments difficiles. Par exemple, dans un marathon, il est essentiel de savoir quand il est possible d'accélérer sans risquer un épuisement complet et, inversement, quand il est préférable de ralentir pour récupérer. Le changement de rythme, la gestion de la respiration, le moment où l'on choisit de se concentrer sur un objectif à court terme ou d'écouter ses sensations corporelles ont un effet cumulatif sur la performance globale.

Mais ce n'est pas seulement la gestion de l'intensité et de la douleur qui fait la stratégie de course. Un autre aspect important est la gestion des éléments externes de la course : les montées et les descentes, les virages serrés, la météo, et même les comportements des autres coureurs. Une montée, par exemple, peut être abordée différemment en fonction de la stratégie choisie. Certains coureurs préfèrent la prendre avec un rythme régulier, d'autres choisiront d'accélérer avant la montée pour prendre de l'avance et récupérer ensuite sur la descente. La gestion de l'effort pendant une course dépend donc de nombreux facteurs externes. Chaque course est unique, et la stratégie doit être adaptable en fonction des conditions du jour.

Enfin, l'importance de la gestion de l'effort devient encore plus évidente lorsque la course atteint son apogée, et que la fatigue devient tangible. C'est là que la stratégie de course prend tout son sens. Lorsque le coureur entre dans la phase finale de la course, il doit être capable de déployer une dernière énergie, d'aller puiser dans ses dernières ressources. La décision de maintenir un rythme soutenu jusqu'à la ligne d'arrivée, ou d'attendre encore un peu avant de sprinter, peut faire toute la différence entre une performance réussie et un résultat en deçà des attentes. C'est dans ces derniers instants que la gestion de l'effort – à la fois physique et mentale – se révèle décisive.

Le corps à l'épreuve.

La compétition en course à pied est bien plus qu'une simple épreuve d'endurance physique. Elle est d'abord une rencontre intime avec son propre corps, un corps qui doit faire face à une multitude de sollicitations au fur et à mesure que la course progresse. De l'échauffement, où le corps est préparé à l'effort, à la fatigue accumulée sur les derniers kilomètres, chaque étape de la compétition est un test de la résistance physique et mentale. Le corps d'un coureur n'est pas seulement un véhicule qui transporte l'esprit, mais une machine en perpétuelle adaptation, où gestes respiration sont ajustés en fonction des besoins de l'instant.

Au moment du départ, tout est encore fluide. Le corps est chaud, prêt à affronter la course. Les muscles, bien qu'encore reposés, se préparent à entrer en action. L'échauffement est important, car il permet aux muscles, aux tendons et aux ligaments de se préparer à l'effort intense à venir. Les jambes, mais aussi les abdominaux, les hanches et les muscles du tronc, sont sollicités dès le premier pas. Le coureur doit sentir chaque articulation, chaque fibre musculaire se mettre en mouvement. L'échauffement n'est pas seulement une routine pré-course ; il représente une phase essentielle pour éviter les blessures et préparer le corps à la montée en intensité. L'objectif est d'adapter progressivement la température corporelle, de réchauffer les muscles et d'augmenter le flux sanguin pour qu'ils soient pleinement opérationnels.

Mais la compétition en course à pied, c'est également une affaire de gestion de la souffrance. La douleur est un compagnon constant. Le corps humain n'est pas conçu pour supporter une pression incessante sur des distances longues, et il faut apprendre à dépasser les signaux de douleur pour poursuivre l'effort. Dès les premiers kilomètres, les jambes sont relativement légères. Mais, au fur et à mesure que la distance s'allonge, la sensation de légèreté se transforme souvent en un poids croissant. Les muscles des jambes, principalement les quadriceps et les ischio-jambiers, sont soumis à un stress continu. Ils soutiennent non seulement le poids du corps, mais aussi la force générée par l'impact répétitif de chaque foulée. Cette répétition produit une tension, qui peut progressivement se transformer en douleur. Les tendons et les ligaments, responsables de la stabilité du corps, absorbent également cette pression. Ils doivent résister aux chocs qui se produisent à chaque contact du pied avec le sol, que ce soit sur un terrain plat ou lors d'une montée difficile.

Les muscles du tronc jouent un rôle tout aussi crucial. Bien qu'ils ne soient pas les premiers sollicités, ils doivent néanmoins assurer la stabilité du corps. Les abdominaux et les muscles du dos sont responsables du maintien de la posture du coureur. Un tronc fort et stable permet de mieux répartir les forces et d'éviter les douleurs lombaires qui peuvent résulter d'une mauvaise posture. Les muscles du tronc sont aussi essentiels pour maintenir une cadence de course optimale. En effet, lors des longues courses, une posture dégradée peut rapidement entraîner une perte d'efficacité et augmenter le risque de blessure. C'est pourquoi le coureur de compétition sait que la gestion de son tronc est aussi importante que celle de ses jambes. En conservant une posture solide et en optimisant les mouvements, il parvient à soulager les autres parties du corps, particulièrement les hanches et les genoux, qui sont constamment sollicités.

Le travail des tendons et des ligaments n'est pas à négliger non plus. Ces tissus conjonctifs, bien qu'ils ne soient pas des muscles au sens strict, sont responsables de maintenir la structure du corps. Les ligaments stabilisent les articulations, les tendons transmettent la force des muscles aux os. Pendant une course, la répétition des impacts peut mettre ces tissus sous une pression importante. Les blessures tendineuses sont courantes en course à pied, particulièrement lorsqu'un coureur pousse son corps au-delà de ses limites ou adopte une mauvaise technique. Un tendon trop sollicité peut se rompre ou se déchirer, une blessure qui, dans le meilleur des cas, nécessite un long temps de récupération. Mais tant que le corps reste en bonne condition, ces structures résistent aux chocs répétitifs du mouvement de course.

Au fur et à mesure que la course progresse, la douleur se fait de plus en plus présente, bien au-delà de l'essoufflement. Ce n'est pas seulement un épuisement physique, mais une douleur qui envahit les jambes, parfois même les bras et les hanches. Le coureur commence à ressentir cette sensation de lourdeur dans les jambes, comme si chaque foulée pesait un peu plus. Les muscles sont de moins en moins réactifs, les articulations se raidissent, et chaque mouvement devient plus difficile à exécuter. C'est à ce moment-là que l'esprit entre en jeu : le corps peut crier de douleur, mais c'est le mental qui doit décider s'il faut continuer à avancer ou se retirer. Cette phase est le véritable test du compétiteur. C'est à ce moment précis que le mental prend toute son importance : si le coureur cède à la douleur, s'il arrête de lutter contre son corps, il risque l'abandon. Mais s'il parvient à surmonter cette souffrance, à continuer d'avancer malgré la douleur, il franchira la ligne d'arrivée avec un sentiment d'accomplissement unique.

Toutefois, il ne s'agit pas de nier la douleur ou de l'ignorer. Un compétiteur avisé apprend à écouter son corps, à identifier les signaux qui doivent être pris en compte. La douleur est parfois le signal d'un problème majeur, comme une blessure imminente. Par exemple, une douleur aiguë dans une articulation ou une sensation de déchirure dans un muscle sont des indicateurs que quelque chose ne va pas. Dans ces moments, l'intuition du coureur est essentielle. C'est un équilibre précaire entre persévérer pour finir la course et se préserver pour éviter des blessures graves qui nuiraient à la carrière. Mais au-delà de ces douleurs physiques, il existe un phénomène fascinant que certains coureurs expérimentés connaissent bien : la douleur peut aussi devenir une épreuve à surmonter, une barrière que l'on apprend à franchir. Plutôt que de l'abandonner, certains compétiteurs décident d'accepter la douleur comme un défi supplémentaire, un obstacle à franchir pour atteindre l'objectif ultime.

Le véritable compétiteur, celui qui se distingue, apprend à gérer la douleur, à l'intégrer dans sa course, et à la surpasser. Chaque pas devient une victoire contre cette douleur, chaque respiration un moyen de repousser encore un peu plus loin ses limites. Dans cet affrontement avec son propre corps, le coureur trouve non seulement la force de continuer, mais aussi la satisfaction d'avoir transcendé l'épreuve physique. Le corps, bien qu'usé, devient alors le témoin d'un dépassement personnel, d'une lutte gagnée contre ses propres faiblesses.

La bataille de l'esprit.

La compétition en course à pied n'est pas seulement une lutte physique, mais également un combat mental. L'aspect psychologique de l'effort joue un rôle tout aussi crucial que la condition physique d'un coureur. À mesure que la course progresse, l'esprit devient le champ de bataille où se livrent des batailles intérieures qui peuvent soit propulser l'athlète vers la victoire, soit le faire plier sous la pression. Ce n'est pas simplement une question de vitesse ou d'endurance, mais une question de mentalité, de capacité à gérer la douleur, de concentration et de résistance face aux doutes et aux pensées négatives. Le véritable défi ne réside pas uniquement dans la capacité à courir, mais dans la capacité à maîtriser son esprit.

L'un des défis mentaux majeurs auxquels un coureur doit faire face est la douleur qui s'intensifie au fur et à mesure de l'effort. Dès les premiers kilomètres, la fatigue commence à se manifester, mais l'esprit doit garder une vision claire de l'objectif : la ligne d'arrivée, encore lointaine. C'est à ce moment-là que le coureur se trouve face à un dilemme mental majeur : comment gérer cette douleur croissante qui commence à envahir son corps tout en maintenant sa cadence et son rythme de course ? La tentation est grande d'abandonner, de ralentir, de céder à l'inconfort.

Mais ce sont ces moments, où l'esprit commence à remettre en question la capacité physique, qui font souvent la différence entre un coureur qui abandonne et celui qui poursuit son chemin. Pour surmonter ce défi, un coureur doit s'armer de stratégies mentales efficaces. L'une des méthodes les plus courantes est la visualisation. S'imaginer franchir la ligne d'arrivée, ressentir la satisfaction de l'accomplissement, visualiser la victoire et la fierté de la performance sont des techniques puissantes pour maintenir une forte motivation. Se voir réussir, même dans les moments les plus durs, permet au coureur de renforcer sa détermination. L'esprit, alors, devient une ressource pour le corps, transformant la douleur en énergie positive et en force intérieure.

Une autre technique mentale couramment utilisée par les coureurs est de se concentrer sur l'aspect technique de la course, notamment sur la foulée. Dans ces moments d'épuisement, il est souvent utile de se focaliser sur chaque mouvement. Plutôt que de se concentrer sur la douleur ou la fatigue, le coureur peut choisir de se concentrer sur la précision de sa technique, sur la fluidité de son mouvement. Cette stratégie permet non seulement de se détourner des pensées négatives, mais aussi de maintenir l'effort sans se laisser submerger par l'angoisse de la douleur. En se focalisant sur la mécanique de la course, l'esprit se fixe sur l'objectif immédiat et réduit ainsi l'ampleur du défi. La douleur, bien que présente, devient secondaire face à l'importance du maintien de la posture et de l'efficacité du mouvement.

Le doute est un autre ennemi invisible mais redoutable dans une compétition de course à pied. Dès que les premiers signes de fatigue apparaissent, il s'immisce dans l'esprit du coureur, semant des graines de doute. L'athlète commence à se demander : « Suis-je vraiment capable de tenir mon rythme ? » ou « Est-ce que je vais être capable de finir la course ? » Ces questions peuvent être déstabilisantes, surtout lorsque le corps commence à ressentir les effets de l'effort intense.

Le doute met en lumière la fragilité de la condition humaine face à la souffrance et aux limites physiques, mais il est aussi le reflet d'une difficulté à accepter les obstacles intérieurs.

Ce sont ces moments de doute qui séparent souvent les coureurs qui abandonnent de ceux qui poursuivent et terminent la course. Un coureur qui laisse le doute prendre le dessus risque de ralentir, voire d'abandonner, car l'esprit joue un rôle primordial dans la gestion de la fatigue et des douleurs. À l'inverse, ceux qui parviennent à repousser les pensées négatives, qui acceptent la souffrance comme une partie du processus, sont ceux qui réussissent à surmonter les obstacles psychologiques et à atteindre la ligne d'arrivée. Un mental solide peut empêcher les pensées négatives de prendre le dessus, et au lieu de céder à la douleur ou au doute, l'esprit peut puiser dans ses réserves de force pour continuer à avancer. La véritable différence se joue donc souvent dans la capacité à gérer cette dimension mentale de la compétition.

Une autre compétence mentale essentielle dans une course est la concentration. Pour performer dans des courses longues, il est crucial de maintenir un niveau de concentration élevé tout au long de l'effort. La capacité à se focaliser sur des tâches simples et répétitives – comme la foulée, la respiration ou la gestion du rythme – permet au coureur de ne pas se laisser submerger par des pensées envahissantes. Chaque étape franchie, chaque foulée, doit être vécue avec une attention particulière, non seulement pour maintenir une technique correcte, mais aussi pour éviter que l'esprit ne se s'engage dans une boucle négative. Un coureur qui est capable de maintenir une concentration totale sur la course, de faire abstraction des éléments extérieurs comme la fatigue des autres concurrents ou la pression du public, aura plus de chances de réussir. Il peut s'aider d'un mantra ou d'un mot-clé pour se maintenir dans l'instant présent, pour rester focalisé sur son propre effort et éviter les distractions inutiles. La concentration est un moyen de contrôler l'esprit dans un environnement où les pensées peuvent facilement se disperser, particulièrement dans les moments où l'énergie commence à faiblir.

Au cœur de la compétition, l'une des caractéristiques les plus importantes d'un coureur performant est sa résilience mentale. La résilience est cette capacité à se relever après une chute, à continuer après un échec, et à revenir encore plus fort. Dans la compétition, cela se traduit par la capacité à ne pas céder face à l'adversité. Peu importe les difficultés rencontrées, le coureur doit faire preuve de persévérance pour repousser ses limites. La résilience mentale permet de transformer chaque épreuve, chaque moment difficile, en une occasion de renforcer sa détermination.

Les plus grands champions ne sont pas ceux qui n'éprouvent jamais de doute ou de fatigue, mais ceux qui parviennent à surmonter ces obstacles mentaux. La résilience est ce qui permet au coureur de se tenir debout après une épreuve difficile, de trouver la force de continuer même quand tout semble perdu. Elle permet de puiser dans ses ressources intérieures et de se réinventer en cours de route.

Dans la compétition en course à pied, la dimension mentale n'est pas simplement un supplément au physique, mais un élément fondamental de la performance. La capacité à gérer la douleur, à repousser le doute, à maintenir une concentration de fer et à développer une résilience face aux épreuves fait toute la différence entre ceux qui terminent la course et ceux qui abandonnent en chemin. La véritable puissance d'un coureur ne réside pas seulement dans la force de ses jambes, mais dans la force de son esprit. Ce sont ces qualités mentales qui lui permettent de franchir la ligne d'arrivée et de se dépasser. La bataille de l'esprit est une lutte constante, mais c'est également la clé de toute réussite dans le monde impitoyable de la compétition en course à pied.

L'adversaire et la conquête de soi.

Dans la compétition de course à pied, l'adversaire est bien plus qu'une simple silhouette à dépasser. L'opposant véritable n'est pas toujours celui qui court à côté de vous sur la ligne de départ. En réalité, le véritable adversaire se trouve souvent à l'intérieur de soi. C'est ce combat mental, ces doutes, cette fatigue qui vous envahit au fur et à mesure de la course. Il s'agit d'une bataille constante entre ce que votre corps peut supporter et ce que votre esprit est prêt à accepter. Bien que les autres coureurs, le chrono et la position sur le podium soient des éléments extérieurs qui jalonnent la course, le plus grand défi reste celui de se surpasser soi-même.

L'adversaire dans une course à pied est à la fois externe et interne. D'un côté, il y a les autres coureurs, tous déterminés à franchir la ligne d'arrivée avant vous. Ils représentent la compétition extérieure, le miroir qui reflète vos performances, vos faiblesses et vos points forts. Face à eux, il n'est pas question de simplement suivre le rythme ou d'être spectateur : c'est une lutte pour se maintenir dans la course, pour tenir un tempo compétitif, pour se dépasser tout en résistant à la tentation de se laisser distancer. Mais au-delà de cette compétition contre les autres, il existe un autre adversaire bien plus insidieux : vous-même. C'est cette voix intérieure qui murmure des doutes, qui vous dit de ralentir, de faire une pause, de ne pas pousser plus loin. C'est cette partie de vous qui cherche à préserver votre confort, qui se bat contre l'idée de l'effort ultime. L'adversaire intérieur, c'est la fatigue qui se fait de plus en plus ressentir, c'est la peur de l'échec, c'est ce sentiment de saturation qui vous pousse à douter de vos capacités. C'est aussi cette part de vous qui se convainc que vous avez donné le maximum alors qu'il reste encore des ressources insoupçonnées.

La véritable compétition en course à pied ne réside pas dans le simple fait de comparer ses performances à celles des autres. Certes, la confrontation avec des adversaires extérieurs est importante, mais elle ne représente que la surface de la véritable bataille. Le vrai défi consiste à affronter ce que vous êtes prêt à donner de vous-même, à évaluer votre capacité à repousser vos propres limites. Il ne s'agit pas seulement de courir plus vite ou plus longtemps que les autres, mais de savoir si vous êtes capable de donner chaque once de force que vous avez en vous, de sortir de votre zone de confort et de vous confronter à vos propres peurs et hésitations.

La course devient alors un champ de bataille mental. Chaque pas, chaque respiration, chaque coup d'œil vers la ligne d'arrivée est une opportunité pour l'esprit de se mesurer à ses propres doutes. C'est dans ces moments où l'on a l'impression de ne plus pouvoir avancer que se révèle la véritable nature du compétiteur. Ceux qui réussissent à dépasser cette résistance intérieure ne le font pas uniquement parce qu'ils sont plus forts physiquement, mais parce qu'ils ont su dominer leur esprit. La vraie victoire réside dans cette conquête personnelle, dans cette capacité à surmonter les barrières internes, à vaincre l'adversaire silencieux qui réside dans chaque hésitation.

Un autre aspect de l'adversaire en course à pied est le chronomètre. Le chronomètre ne ment pas. Il ne laisse aucune place à l'interprétation subjective. Il est à la fois un témoin et un juge impitoyable de votre performance. Le temps devient une mesure objective de votre effort, un indicateur froid mais précis de votre capacité à vous surpasser. Dans la course, les secondes qui passent est un challenge supplémentaire. L'objectif est de battre ce temps, de repousser les limites de ce que vous pensiez être possible.

Mais là encore, le chronomètre n'est pas seulement une évaluation de votre position dans la course ou de votre rapidité par rapport aux autres. Il représente également un reflet de votre progression personnelle. À chaque course, le chronomètre devient le miroir de votre évolution : avez-vous amélioré vos performances par rapport à la course précédente ? Avez-vous réussi à abaisser votre temps, à franchir des seuils de performance que vous jugiez inaccessibles ? En fin de compte, le chrono devient non pas un simple adversaire extérieur, mais un allié dans votre quête de dépassement de soi.

Dans de nombreuses courses, la véritable victoire n'est pas celle de franchir la ligne d'arrivée en premier, mais celle de se connaître et de se surpasser. Peu importe la place sur le podium, l'essentiel est de savoir si vous avez tout donné, si vous avez exploité toutes vos ressources physiques et mentales. Le sentiment de satisfaction, après avoir traversé la ligne d'arrivée, ne réside pas seulement dans le fait d'avoir devancé les autres, mais dans l'accomplissement de vous-même. Cette recherche de la performance n'est pas simplement une quête de reconnaissance extérieure, mais un processus profondément personnel.

Le vrai compétiteur, celui qui se dépasse, sait qu'il a gagné dès lors qu'il a fait tout ce qu'il pouvait pour repousser ses propres limites. Chaque course devient une opportunité d'améliorer sa version précédente, d'accomplir quelque chose de plus grand que ce qu'il croyait possible. Le chrono, les autres coureurs, et même la position finale sont des éléments secondaires par rapport à ce que vous ressentez à l'intérieur. Lorsque vous franchissez la ligne d'arrivée, la question n'est pas "où ai-je terminé ?" mais "est-ce que j'ai tout donné ?" et "est-ce que je suis fier de la manière dont j'ai couru ?"

Ce n'est pas une question de comparaison avec les autres. Bien sûr, la compétition en course à pied vous permet de mesurer vos progrès par rapport à d'autres athlètes, mais il s'agit avant tout d'un processus interne. La compétition est un catalyseur pour l'évolution personnelle, un moyen de tester vos limites et d'évaluer votre résilience. À chaque course, vous vous mesurez à vous-même. Vous vous examinez sous un nouveau jour, vous vous confrontez à vos faiblesses, vous vous poussez à aller au-delà des obstacles mentaux et physiques. C'est dans ce voyage personnel que réside la véritable essence de la compétition.

Dans ce contexte, l'adversaire ultime n'est donc pas l'autre coureur qui vous précède ou qui vous suit, mais vous-même. La victoire, dans la course à pied, ne réside pas dans la simple acquisition d'un trophée ou d'une médaille, mais dans l'accomplissement personnel, dans cette sensation intense d'avoir franchi la ligne d'arrivée non pas comme un simple compétiteur, mais comme un véritable conquérant de soi.

Le Spleen du Coureur.

Une fois la course terminée, lorsque les derniers hectomètres se sont dissous dans l'effort et que la ligne d'arrivée a été franchie, une étrange sensation s'installe. Le corps, exténué mais animé par une énergie presque surnaturelle pendant l'épreuve, entre dans un état de récupération. Les muscles, douloureux et encore chauds de l'effort, réclament un repos bien mérité. Pourtant, malgré cette fatigue physique, c'est la tête qui, paradoxalement, reste pleinement éveillée, pleine de souvenirs. Chaque foulée, chaque pensée, chaque lutte intérieure a laissé une trace dans l'esprit du coureur. Ce n'est pas simplement la performance ou la position qui prévalent à ce moment-là, mais l'introspection, le sentiment d'avoir donné tout ce qu'il pouvait, d'avoir repoussé ses limites.

Cependant, après cette euphorie d'effort, une autre émotion vient souvent troubler la quiétude : le spleen. C'est un sentiment étrange et parfois difficile à nommer, mais qui est pourtant universel parmi les coureurs de compétition. Ce mélange de vide, de tristesse passagère et de nostalgie se fait sentir une fois la course achevée. Après avoir vécu cette intensité émotionnelle, cet engagement total, le retour à une forme de normalité devient presque insupportable. L'euphorie de l'effort, l'adrénaline, sont soudainement remplacées par un vide intérieur. Ce sentiment peut s'exprimer par un regret de l'accomplissement non parfait, la quête du "toujours plus", mais aussi par l'idée que l'on se retrouve à nouveau face à soi-même, sans l'enthousiasme de la course.

Le spleen du coureur vient également de l'éphémérité de la compétition. Chaque course est un instant suspendu dans le temps, une bataille qui, une fois terminée, laisse un vide difficile à combler. Les mois de préparation, les heures d'entraînement, les sacrifices, tout cela pour un instant fugace. La ligne d'arrivée, symbole de la fin, semble toujours trop proche de l'éternité que le coureur a vécu dans son effort. Une fois la course terminée, il ne reste plus que les souvenirs. Les sourires échangés après la ligne d'arrivée, les regards d'encouragement, les derniers efforts fournis. Ces instants sont précieux, mais ils s'effacent aussi rapidement qu'ils sont venus. Le coureur ressent souvent une forme de mélancolie, comme un voyage qui se termine trop tôt. Cette frustration s'étend parfois sur plusieurs jours, alors qu'il repense à chaque kilomètre parcouru. Il se demande si un petit effort de plus aurait pu lui permettre de mieux performer, si un léger ajustement stratégique aurait pu faire une différence. C'est ce que l'on appelle parfois le "spleen" du coureur, cette sensation d'inachevé, ce désir de revivre cette expérience, de trouver encore un défi à relever.

Mais l'après-course n'est pas seulement un moment de nostalgie ou de vide. Il représente également une phase de récupération essentielle, tant physique que mentale. Cette période est marquée par un mélange de soulagement et de réflexion. Physiquement, le coureur doit prendre soin de son corps. Les muscles fatigués, tendus, ont besoin de se détendre, de se réparer pour qu'ils soient prêts à affronter de nouvelles échéances. C'est là que les étirements, l'hydratation, le sommeil et une bonne nutrition prennent tout leur sens. Mais la récupération ne se limite pas à la récupération physique.

C'est aussi un moment de pause mentale, où le coureur, loin de l'agitation de la compétition, peut s'interroger sur la performance accomplie. La première question qui surgit souvent après une course est : "Ai-je donné tout ce que j'avais ?" Ce questionnement est intrinsèque à l'athlète de compétition, qui se mesure non seulement à ses adversaires, mais aussi à lui-même. La position obtenue, le chrono, les kilomètres parcourus sont des chiffres, mais la vraie évaluation vient du ressenti personnel : ai-je repoussé mes limites ? Ai-je tiré le meilleur de moi-même, même dans la douleur ? Chaque coureur, qu'il ait remporté la course ou non, se retrouve face à ce même examen de conscience.

À travers cette phase de réflexion, de nombreux coureurs prennent également le temps d'analyser ce qui peut être amélioré pour les prochaines courses. Peut-être que la gestion de l'effort n'a pas été optimale. Peut-être que certains aspects de l'entraînement, comme l'endurance, ont manqué de préparation. Ou bien la stratégie de course pourrait être repensée pour mieux gérer les premiers kilomètres. Ce processus d'auto-analyse devient une quête continue pour s'améliorer. La prochaine course représente une nouvelle occasion de repousser encore plus loin ses limites. Pourtant, malgré cette volonté de s'améliorer, l'ombre du spleen persiste, rappelant au coureur que chaque performance n'est jamais totalement satisfaisante, que la perfection reste un horizon inatteignable.

En définitive, l'important dans cette phase qui suit la course n'est pas seulement d'évaluer ses progrès ou d'identifier les éléments à améliorer. Ce qui compte, c'est l'expérience vécue. La compétition en course à pied est une aventure à la fois physique et mentale. C'est un voyage où le corps et l'esprit sont mis à l'épreuve. Le spleen, bien qu'il fasse partie de ce voyage, est aussi le témoin du désir profond du coureur de se surpasser, de trouver des réponses à des questions qui ne peuvent être résolues que dans l'action. C'est dans cet espace de vide et de réflexion que naissent les motivations pour recommencer, pour se réinscrire, pour repartir sur la ligne de départ et revivre cette quête sans fin. C'est cette recherche constante de dépassement, d'accomplissement personnel, qui nourrit la passion du coureur, même lorsque le spleen s'invite dans l'après-course.

Le véritable coureur ne se contente pas de la course achevée. Il porte en lui une quête permanente, un voyage dont la fin se trouve toujours dans l'horizon d'une prochaine course, d'un prochain défi.

Le spleen est l'essence même de cette quête, une forme de manque qui pousse à avancer, à chercher toujours plus loin, à repousser sans cesse les frontières de ce qui est possible.

9.

Les rituels du coureur.

La course est bien plus qu'un simple acte physique ; elle devient un rituel, une habitude sacrée, un moment dédié à soi-même, un passage. Le coureur développe ses propres rituels : de la préparation avant la course à la récupération après, tout est empreint d'une signification particulière.

Les rituels, un ancrage mental et physique.

Les rituels occupent une place centrale dans la pratique de la course à pied. Ils ne sont pas de simples habitudes, mais des repères qui structurent l'expérience du coureur, forgeant un équilibre entre discipline et liberté. Qu'ils soient conscients ou inconscients, ces rituels contribuent à préparer l'athlète sur les plans mental et physique, lui offrant un cadre rassurant et une source de motivation.

Avant même d'enfiler ses chaussures, le coureur engage son esprit dans une séquence bien rodée. Il peut s'agir d'un moment de concentration, d'un enchaînement de gestes précis ou d'un dialogue intérieur qui lui permet de se projeter dans l'effort à venir. Certains écoutent toujours la même musique, d'autres enfilent leur tenue dans un ordre spécifique, ou bien récitent une phrase qui leur donne confiance. Ces automatismes agissent comme un signal, déclenchant un état d'esprit propice à la performance. Le corps, lui aussi, s'adapte à ces routines. L'activation progressive des muscles, la respiration contrôlée et les premiers pas mesurés sont autant de marqueurs qui préparent l'organisme à l'effort. À travers la répétition, le corps assimile ces signaux comme des repères essentiels qui facilitent la transition entre l'état de repos et l'action. De cette manière, le rituel devient un ancrage physique, évitant les à-coups et minimisant le stress.

L'impact psychologique des rituels ne doit pas être sous-estimé. En instaurant une continuité dans la pratique, ils permettent de lutter contre l'anxiété pré-course et d'instaurer un climat de sérénité. La prévisibilité des gestes et des routines donne au coureur un sentiment de contrôle, réduisant ainsi l'impact des imprévus. Plus encore, ces rituels renforcent la confiance en soi, rappelant au coureur qu'il est prêt et qu'il a suivi un processus éprouvé pour optimiser ses capacités.

Les rituels ne sont pas figés ; ils évoluent avec le temps, s'adaptant aux besoins et aux expériences du coureur. Certains préfèrent des pratiques minimalistes, misant sur l'essentiel, tandis que d'autres adoptent un cadre plus rigide, où chaque détail compte. Quelle que soit l'approche, l'important est de trouver une routine qui soutienne la progression et qui apporte du plaisir dans l'acte de courir. Car au-delà de la performance, ces rituels sont aussi un moyen de se reconnecter à soi-même, de savourer l'instant et de cultiver une relation harmonieuse avec son corps et son esprit. Loin d'être une contrainte, le rituel est une liberté maîtrisée. Il permet de canaliser l'énergie, de se recentrer et d'entrer dans un état de concentration profonde. Pour certains, cela passe par un échauffement minutieux, une respiration spécifique ou encore une pensée positive avant le départ. Pour d'autres, c'est le simple fait de lacer leurs chaussures de la même manière qui marque le début du rituel. Quelle que soit sa forme, l'essence reste la même : créer une transition fluide entre le quotidien et l'effort.

Ainsi, ces rituels, en apparence anodins, sont en réalité des piliers sur lesquels repose la performance et le plaisir de courir. Ils aident à mieux vivre l'effort, à surmonter les doutes et à inscrire la course dans une continuité rassurante. Chaque coureur, qu'il soit amateur ou expérimenté, possède son propre ensemble de rituels, véritables signatures de sa pratique. Ils sont le reflet de son engagement, de ses objectifs et de sa manière unique d'appréhender la course à pied.

L'échauffement du corps et de l'esprit.

L'échauffement est une étape fondamentale dans la préparation d'un coureur avant une course ou un entraînement. Il ne s'agit pas seulement de préparer le corps physiquement, mais aussi de préparer l'esprit pour l'effort à venir. Dans ce contexte, l'échauffement devient un rituel, une pratique sacrée qui établit un lien entre le coureur et son activité, favorisant à la fois la performance et la concentration.

L'importance de l'échauffement ne peut être sous-estimée. Physiquement, il permet d'augmenter la température du corps, ce qui favorise la circulation sanguine vers les muscles. Ce processus contribue à une meilleure élasticité des muscles et à une diminution du risque de blessures. En commençant par des exercices doux, le coureur aide son corps à se préparer progressivement à l'effort intensif. Cela inclut des mouvements qui sollicitent les articulations et les groupes musculaires principalement utilisés durant la course, tels que les jambes, les hanches et le tronc. Les mouvements articulaires, comme des rotations douces des chevilles, des genoux et des hanches, permettent également de lubrifier les articulations, réduisant ainsi le risque de douleurs ou de blessures pendant l'activité physique. Mentalement, l'échauffement joue un rôle tout aussi essentiel. C'est le moment où le coureur peut se concentrer sur ses objectifs, visualiser la course à venir et établir un état d'esprit positif. En se concentrant sur sa respiration et en pratiquant des techniques de visualisation, le coureur peut se projeter dans la réussite.

Ce processus de préparation mentale est souvent sous-estimé, mais il s'avère crucial pour aborder l'épreuve avec confiance et détermination. Le choix des exercices d'échauffement varie d'un coureur à l'autre. Certains peuvent privilégier des mouvements dynamiques, comme des foulées ou des montées de genoux, qui favorisent l'activation des muscles tout en augmentant le rythme cardiaque. D'autres peuvent opter pour des étirements légers, cherchant à améliorer leur amplitude de mouvement sans forcer. L'important est d'adapter l'échauffement à ses besoins personnels et aux exigences de la course. Un coureur qui se prépare pour un marathon, par exemple, aura des besoins différents d'un coureur qui s'entraîne pour une course de 5 km.

La durée de l'échauffement est également un élément clé. Un échauffement efficace peut durer de 10 à 30 minutes, selon l'intensité de la course à venir. Il est essentiel d'accorder suffisamment de temps à cette phase pour permettre au corps et à l'esprit de s'ajuster. De plus, un échauffement trop court peut entraîner une fatigue prématurée ou des blessures. En intégrant une routine d'échauffement cohérente dans leur préparation, les coureurs peuvent optimiser leur performance et leur endurance. L'échauffement peut également servir de moment de communion avec les autres coureurs. Que ce soit dans le cadre d'un entraînement collectif ou lors d'une course, ces instants partagés renforcent le sentiment d'appartenance à une communauté.

Les rituels d'échauffement peuvent inclure des chants, des encouragements mutuels ou des mouvements synchronisés, créant ainsi une atmosphère de solidarité et de motivation. Ce lien social est une source importante de soutien psychologique, permettant aux coureurs de se sentir moins isolés dans leurs efforts. La musique est un autre élément qui peut enrichir l'échauffement. De nombreux coureurs choisissent d'écouter des morceaux motivants pour stimuler leur énergie et leur concentration. La sélection musicale peut influencer l'état d'esprit et la performance, en activant des émotions positives et en préparant mentalement le coureur à l'effort. La création d'une playlist adaptée aux goûts personnels peut devenir un rituel à part entière, ajoutant une dimension supplémentaire à la préparation avant la course.

L'échauffement ne se limite pas aux aspects physiques et mentaux, il inclut également une préparation émotionnelle. Les coureurs doivent apprendre à gérer leur stress et leur anxiété avant une course. Cela peut passer par des techniques de respiration profonde, des affirmations positives ou des exercices de pleine conscience. En se connectant à leur corps et à leurs émotions, les coureurs peuvent aborder la course avec une attitude sereine et déterminée.

Enfin, la transition entre l'échauffement et la course elle-même doit être fluide. Après un échauffement approprié, le coureur doit se sentir prêt à partir. Il est essentiel de prendre quelques instants pour se recentrer, vérifier son équipement et se concentrer sur les sensations corporelles. Cette phase de préparation finale permet de s'assurer que le coureur est à l'écoute de son corps, prêt à réagir aux imprévus de la course.

En résumé, l'échauffement est un rituel indispensable pour tout coureur, englobant une préparation physique, mentale et émotionnelle. C'est une étape qui établit le ton pour la course à venir, favorisant à la fois la performance et le bien-être. En prenant le temps de s'échauffer correctement, les coureurs peuvent optimiser leur potentiel, réduire le risque de blessures et aborder chaque course avec confiance et détermination. Que ce soit dans le cadre d'un entraînement individuel ou de celui d'une compétition, l'échauffement demeure une pratique essentielle, intégrant discipline et renforçant l'engagement du coureur envers son sport.

Les habitudes alimentaires et d'hydratation du coureur.

Pour un coureur, l'alimentation et l'hydratation jouent un rôle fondamental dans la performance et la récupération. Chaque détail compte, depuis le choix des aliments jusqu'à la gestion de l'hydratation, car ces éléments sont essentiels pour optimiser l'énergie, maintenir la santé et favoriser un état physique et mental optimal. En intégrant des habitudes alimentaires et d'hydratation adaptées, les coureurs peuvent véritablement ancrer leur pratique sportive dans une routine de vie saine et performante.

La première règle d'une bonne alimentation pour les coureurs est de privilégier une alimentation équilibrée, riche en nutriments. Cela inclut une variété de glucides, de protéines et de graisses saines. Les glucides, en particulier, sont la principale source d'énergie pour les coureurs. Ils doivent constituer la base de l'alimentation, en favorisant des aliments comme les pâtes, le riz, les fruits et les légumes. Ces glucides complexes libèrent de l'énergie progressivement, permettant aux coureurs de maintenir un niveau d'énergie stable tout au long de leurs entraînements et courses.

Il est également essentiel de consommer suffisamment de protéines, qui sont cruciales pour la réparation et la reconstruction des muscles après l'effort. Les sources de protéines peuvent être variées : viandes maigres, poisson, œufs, produits laitiers, légumineuses et noix. Les coureurs doivent veiller à inclure ces protéines dans leur alimentation quotidienne, notamment après les séances d'entraînement, pour aider à la récupération musculaire.

Les graisses, souvent mal comprises, sont également importantes dans l'alimentation du coureur. Elles fournissent une source d'énergie dense et sont nécessaires à l'absorption des vitamines liposolubles (A, D, E, K). Les graisses saines, provenant de sources comme les avocats, les noix, les graines et les huiles végétales, doivent être intégrées avec modération dans les repas, permettant ainsi d'obtenir un apport énergétique optimal sans surcharge calorique.

Un autre aspect crucial de l'alimentation du coureur est le moment des repas. La synchronisation des apports alimentaires avant, pendant et après l'effort peut grandement influencer la performance et la récupération. Avant une course ou un entraînement, il est recommandé de consommer un repas léger, riche en glucides et pauvre en graisses et en fibres, pour éviter les désagréments gastro-intestinaux.

Des exemples incluent une banane, une barre énergétique ou un yaourt avec du miel. Cette collation devrait être prise environ une heure avant le départ pour permettre une digestion adéquate.

Pendant la course, particulièrement pour les efforts prolongés, l'hydratation et l'apport en glucides sont essentiels. Les coureurs doivent apprendre à écouter leur corps et à s'hydrater régulièrement, même en l'absence de sensations de soif. Les boissons isotoniques, qui contiennent des électrolytes, peuvent également être bénéfiques pour maintenir l'équilibre hydrique et éviter la déshydratation, surtout lors de longues courses. Les gels énergétiques ou les petites collations peuvent être utilisés pour fournir des glucides rapides, permettant ainsi de maintenir l'énergie nécessaire pour terminer l'effort.

Après la course, le moment de la récupération est primordial. Les coureurs doivent consommer un mélange de glucides et de protéines dans les 30 minutes suivant l'effort pour maximiser la réparation musculaire et le rechargement des réserves de glycogène. Des options comme un smoothie protéiné avec des fruits, un bol de yaourt avec du granola ou même un repas complet comprenant une source de glucides et de protéines sont recommandés.

En plus de l'alimentation, l'hydratation doit être une priorité tout au long de la journée. Les coureurs doivent s'efforcer de boire régulièrement, même lorsqu'ils ne ressentent pas de soif. L'eau est essentielle, mais en période d'entraînement intensif ou de chaleur, des boissons contenant des électrolytes peuvent aider à compenser les pertes dues à la transpiration. Il est conseillé de commencer chaque séance d'entraînement bien hydraté, et d'ajuster l'apport en fonction de la durée et de l'intensité de l'effort.

Les habitudes alimentaires et d'hydratation ne doivent pas être considérées comme de simples contraintes, mais plutôt comme des éléments intégrés dans le mode de vie du coureur. Développer une relation saine avec la nourriture est crucial, en évitant les régimes restrictifs qui pourraient nuire à la performance et au bien-être mental. Apprendre à apprécier les aliments sains et à explorer de nouvelles recettes peut transformer l'alimentation en un plaisir, tout en contribuant aux objectifs de performance.

De plus, l'éducation sur la nutrition est un atout précieux pour tout coureur. Comprendre comment les aliments affectent le corps et la performance permet de faire des choix éclairés et adaptés aux besoins personnels. Participer à des ateliers de nutrition, consulter des diététiciens spécialisés ou même lire des livres sur la nutrition sportive peut être bénéfique pour approfondir ses connaissances et optimiser son alimentation.

Il est aussi important de reconnaître que chaque coureur est unique. Les préférences alimentaires, les intolérances ou allergies doivent être prises en compte lors de l'élaboration d'un plan alimentaire. Certains coureurs peuvent se sentir mieux en adoptant un régime végétarien ou végan, tandis que d'autres privilégieront des sources de protéines animales. Trouver ce qui fonctionne le mieux pour son corps est un processus personnel et peut nécessiter du temps et des ajustements.

La dimension psychologique de l'alimentation ne doit pas être négligée. Les coureurs peuvent parfois ressentir une pression pour performer, ce qui peut influencer leurs habitudes alimentaires. Cultiver une attitude positive envers la nourriture et l'hydratation, et s'autoriser à profiter de certains plaisirs sans culpabilité, est essentiel pour maintenir un équilibre sain entre discipline et liberté.

En intégrant des habitudes alimentaires et d'hydratation adaptées, les coureurs ne nourrissent pas seulement leur corps, mais également leur passion pour la course.

En conclusion, les habitudes alimentaires et d'hydratation constituent un pilier fondamental pour les coureurs souhaitant optimiser leur performance. En intégrant une alimentation équilibrée, en synchronisant les repas avec les efforts et en restant hydraté, les coureurs peuvent améliorer leur endurance, leur récupération et leur bien-être général. C'est un chemin qui nécessite engagement et écoute de soi, mais qui en vaut la peine, tant pour la pratique sportive que pour la santé au quotidien.

Le pouvoir des gestes et objets fétiches.

Dans l'univers du coureur, les gestes et objets fétiches occupent une place particulière, souvent marquée par des croyances personnelles et des rituels qui transcendent le simple fait de courir. Ces éléments, qu'ils soient physiques ou mentaux, créent un lien fort entre le coureur et sa pratique, établissant un cadre de confort et de sécurité, tout en amplifiant la motivation et la performance. Le pouvoir des gestes et objets fétiches réside dans leur capacité à influencer l'état d'esprit, à favoriser la concentration et à renforcer la confiance, transformant chaque course en un rituel empreint de signification.

Les gestes, tout d'abord, sont souvent le reflet de l'engagement et de la discipline du coureur. Des mouvements spécifiques peuvent devenir des rituels d'activation, des façons de se préparer mentalement à l'effort. Par exemple, beaucoup de coureurs adoptent une routine de gestes avant de s'élancer, tels que des étirements, des sauts ou des respirations profondes. Ces gestes permettent non seulement de préparer le corps physiquement, mais aussi de conditionner l'esprit. En répétant ces actions de manière régulière, le coureur établit une connexion entre son corps et son mental, favorisant un état de concentration et de préparation optimale. Ce processus d'automatisation des gestes peut engendrer un sentiment de contrôle et de confiance, indispensable pour affronter les défis de la course.

Les objets fétiches, quant à eux, revêtent souvent une signification émotionnelle et symbolique. Il peut s'agir d'une paire de chaussures favorites, d'une montre GPS, d'un bracelet porte-bonheur ou même d'un vêtement particulier. Chaque coureur a ses propres objets qui lui apportent du réconfort et une motivation supplémentaire. Ces objets agissent comme des talismans, ancrant le coureur dans ses rituels et lui rappelant des moments de réussite passés. La confiance en soi peut être renforcée simplement en portant ces objets, qui rappellent des expériences positives et des victoires personnelles. Le pouvoir des objets fétiches réside dans leur capacité à créer un lien avec des rituels culturels ou personnels. Par exemple, certains coureurs portent des médailles ou des souvenirs d'événements marquants de leur carrière. Cela leur permet de se remémorer leurs efforts, leurs luttes et leurs réussites. Ces objets ne sont pas seulement des accessoires ; ils incarnent des histoires, des défis surmontés et des objectifs atteints. En les intégrant dans leur pratique, les coureurs renforcent leur identité et leur engagement envers leur sport.

Les gestes et objets fétiches peuvent jouer un rôle important lors des compétitions. Avant le départ, de nombreux coureurs suivent un protocole rigoureux, en effectuant des gestes précis, en mettant en place leur matériel ou en enfilant des vêtements spécifiques. Cette préparation minutieuse contribue à la création d'un environnement familier qui apaise l'anxiété et renforce la confiance. Les gestes ritualisés aident à entrer dans une zone mentale propice à la performance, en permettant au coureur de se concentrer sur l'instant présent et sur ses capacités.

Un aspect fascinant de ces rituels réside dans leur diversité. Chaque coureur peut développer ses propres habitudes, en fonction de ses expériences, de ses croyances et de sa personnalité. Cela peut inclure des gestes de gratitude, tels que prendre un moment pour remercier son corps ou réfléchir à ses motivations, ou des rituels de visualisation, où le coureur se projette dans la course en imaginant chaque détail de l'événement. Ces rituels personnels ajoutent une profondeur émotionnelle à la pratique, enrichissant l'expérience de course et en renforçant la connexion avec soi-même.

Les gestes et objets fétiches peuvent avoir un impact sur la performance. De nombreuses études suggèrent que les rituels de préparation mentale peuvent améliorer les résultats sportifs. En effet, lorsque les coureurs se livrent à des gestes familiers ou à des rituels qu'ils associent à la réussite, ils peuvent augmenter leur concentration et leur efficacité. Ce phénomène, connu sous le nom de "précision de l'état d'esprit", souligne l'importance des routines dans le cadre d'une préparation optimale.

Il est intéressant de noter que les objets fétiches ne doivent pas nécessairement avoir une valeur monétaire élevée. Parfois, un simple accessoire, comme une pierre ou un bracelet fait main, peut revêtir une signification profonde pour le coureur. Cela rappelle que le pouvoir réside dans l'intention et dans la connexion personnelle que l'on établit avec ces éléments.

La valeur symbolique d'un objet peut surpasser son aspect matériel, créant ainsi un ancrage puissant dans le processus de course.

La communauté des coureurs joue aussi un rôle important dans la création et le partage de ces rituels. Les coureurs peuvent s'inspirer mutuellement en échangeant des histoires sur leurs gestes ou objets fétiches, renforçant ainsi le sentiment d'appartenance à un groupe. Les événements de course, tels que les marathons ou les compétitions locales, sont souvent l'occasion de célébrer ces rituels collectivement. Les coureurs portent des T-shirts, des médailles ou d'autres objets symboliques qui témoignent de leur engagement commun. Cela renforce non seulement la motivation personnelle, mais permet aussi de renforcer le lien entre les participants.

En conclusion, le pouvoir des gestes et objets fétiches chez les coureurs dépasse la simple superstition. Ils constituent des éléments essentiels d'un rituel qui allie préparation mentale et émotionnelle. Les gestes répétitifs et les objets symboliques permettent aux coureurs de renforcer leur confiance, de créer un sentiment de contrôle et de transformer chaque course en une expérience significative. Ces rituels forment le cadre nécessaire à toute expression de liberté. Ils reflètent la passion et l'engagement des coureurs en soulignant l'importance d'intégrer ces pratiques dans leur cheminement sportif. En célébrant et en honorant ces gestes et objets fétiches, les coureurs ne se contentent pas de se préparer physiquement, mais ils établissent un lien profond avec leur passion, leur parcours et leur identité en tant qu'athlètes.

Gestion de l'effort en course.

Lorsqu'il s'agit de courir, la gestion de l'effort est une compétence essentielle qui peut faire la différence entre une performance réussie et une expérience frustrante. Les coureurs doivent apprendre à équilibrer leur énergie, à gérer la fatigue et à adapter leur stratégie en fonction des conditions de course. Cela nécessite non seulement une bonne préparation physique, mais aussi une approche mentale et tactique bien rodée. Pour ce faire, il est essentiel d'établir des routines efficaces et de développer des stratégies adaptées aux défis que chaque course peut présenter.

La première étape dans la gestion de l'effort est la connaissance de soi. Chaque coureur a des limites physiques et des capacités différentes. Comprendre ses propres forces et faiblesses permet de définir des objectifs réalistes et d'adapter ses efforts en conséquence. Cela inclut la reconnaissance des signes de fatigue, de douleur ou d'inconfort, qui peuvent indiquer qu'il est temps de ralentir ou de modifier sa technique. Savoir écouter son corps est crucial pour éviter les blessures et assurer une course agréable.

L'une des stratégies clés pour gérer l'effort est le fractionnement de la course en segments. Plutôt que de se concentrer sur la distance totale à parcourir, les coureurs peuvent diviser leur course en sections plus petites et plus gérables. Cela permet de maintenir la motivation et de mieux évaluer l'état d'énergie à chaque étape. Par exemple, un marathonien peut se concentrer sur le premier tiers de la course, puis sur le second, avant de se préparer pour le dernier segment. Cette approche aide à garder une attitude positive et à éviter la démotivation face à un long parcours.

Une autre technique efficace consiste à utiliser des repères ou des points de contrôle. Cela peut inclure des marques kilométriques, des éléments de paysage ou même des interactions avec d'autres coureurs. Avoir des objectifs intermédiaires permet de structurer la course, offrant des occasions de se réévaluer et de faire des ajustements si nécessaire. Cela peut également renforcer la concentration et limiter les pensées négatives qui peuvent survenir pendant les moments difficiles.

L'hydratation et la nutrition jouent un rôle fondamental dans la gestion de l'effort. S'assurer que le corps est correctement hydraté avant et pendant la course est essentiel pour maintenir un niveau d'énergie optimal. Les coureurs doivent planifier leurs apports en eau et en électrolytes tout au long de la course, en tenant compte de la température et de l'humidité. Un bon principe est de s'hydrater régulièrement, plutôt que d'attendre d'avoir soif, ce qui peut être un signe de déshydratation déjà avancée. Des stratégies telles que les stations d'hydratation ou les boissons isotoniques peuvent également aider à maintenir l'équilibre électrolytique.

La gestion de l'effort implique également une bonne maîtrise de la respiration. Des techniques de respiration contrôlée peuvent aider à réguler le rythme cardiaque et à fournir plus d'oxygène aux muscles, ce qui est particulièrement utile lors des phases d'intensification de l'effort. Les coureurs peuvent expérimenter des rythmes de respiration qui leur conviennent, que ce soit en inspirant sur plusieurs pas et en expirant sur d'autres, ou en utilisant des techniques de respiration diaphragmatique pour optimiser leur apport en oxygène.

L'aspect mental de la gestion de l'effort ne peut pas être négligé. L'auto-parole positive, la visualisation et les techniques de pleine conscience sont des outils puissants pour maintenir la motivation et la concentration pendant une course. En se répétant des affirmations positives, comme « je suis fort » ou « je peux le faire », le coureur renforce sa confiance et réduit l'anxiété. De plus, visualiser des moments de réussite ou se projeter dans l'arrivée peut être un excellent moyen de stimuler la motivation.

Il est bénéfique d'adopter une stratégie de course basée sur le rythme. Les coureurs doivent apprendre à gérer leur allure en fonction de la distance à parcourir. Commencer trop rapidement peut conduire à une fatigue prématurée, tandis qu'une gestion prudente de l'allure peut permettre de conserver des réserves d'énergie pour la fin de la course. Une stratégie efficace peut inclure le départ à une allure légèrement inférieure à celle visée, avant d'augmenter progressivement le rythme lorsque le corps est échauffé et que les muscles sont bien engagés.

Les conditions de course peuvent influencer la gestion de l'effort. Les coureurs doivent être préparés à s'adapter aux variations de terrain, de météo et d'autres facteurs externes. Par exemple, courir sur un terrain vallonné nécessite une gestion de l'énergie différente par rapport à une course sur route plate. Apprendre à anticiper ces changements et à ajuster sa stratégie en conséquence est essentiel pour rester efficace tout au long de la course.

Enfin, la récupération post-course fait partie intégrante de la gestion de l'effort. Les coureurs doivent mettre en place une routine de récupération qui inclut des étirements, une hydratation adéquate et une nutrition appropriée pour favoriser la réparation musculaire. Prendre le temps de se détendre après la course et de réfléchir sur l'expérience vécue peut également être bénéfique pour intégrer les leçons apprises et préparer les prochaines courses.

En somme, gérer l'effort en course est une compétence qui combine préparation physique, stratégies mentales et techniques d'adaptation. Chaque coureur peut développer ses propres routines et stratégies en fonction de ses expériences, de son niveau d'énergie et de ses objectifs. En se concentrant sur la connaissance de soi, l'hydratation, la nutrition, et le rythme, les coureurs peuvent optimiser leur performance et transformer chaque course en une expérience enrichissante et gratifiante. Cette approche proactive permet non seulement de surmonter les défis, mais aussi de célébrer les réussites, renforçant ainsi l'engagement du coureur envers son parcours et sa passion pour la course.

Récupération et célébration, l'après-course apparaît également comme un rituel.

La fin d'une course ne marque pas seulement l'aboutissement d'un effort physique intense ; elle représente également un moment précieux pour célébrer les accomplissements et favoriser la récupération. Ce processus, souvent négligé, est crucial pour maintenir un équilibre durable entre l'exigence de l'entraînement et le bien-être global du coureur. La récupération après la course est tout aussi importante que la préparation qui a précédé l'événement, car elle permet au corps de se régénérer, aux muscles de se réparer et à l'esprit de se ressourcer.

La première étape de la récupération consiste à adopter une approche holistique qui inclut à la fois des pratiques physiques et mentales. Après avoir franchi la ligne d'arrivée, il est essentiel de ralentir progressivement son rythme cardiaque. Beaucoup de coureurs trouvent bénéfique de marcher quelques minutes après avoir terminé, ce qui aide à ramener le corps à un état de repos tout en facilitant la circulation sanguine. Cette pratique permet également de diminuer le risque de douleurs musculaires et de raideurs qui peuvent survenir après un effort intense.

Hydrater le corps après la course est primordial. Pendant l'effort, le coureur perd des fluides et des électrolytes, et il est vital de compenser cette perte. Boire de l'eau ou des boissons électrolytiques contribue à restaurer l'équilibre hydrique. Les coureurs doivent être attentifs aux signes de déshydratation et s'assurer qu'ils s'hydratent adéquatement dans les heures qui suivent la course. L'hydratation peut également être associée à des collations légères riches en protéines et en glucides, favorisant ainsi la récupération musculaire et la restauration des réserves d'énergie.

La nutrition post-course joue un rôle central dans la récupération. Les coureurs doivent privilégier des repas équilibrés contenant des protéines, des glucides complexes, et des graisses saines. Les protéines sont essentielles pour la réparation des muscles endommagés, tandis que les glucides aident à reconstituer les réserves de glycogène. Incorporer des fruits et légumes dans l'alimentation permet d'apporter des vitamines et des minéraux essentiels qui soutiennent le processus de récupération. Pour beaucoup, il peut être agréable de se régaler avec un plat ou une collation préférée après une course, transformant ce moment en une célébration du travail accompli.

La récupération ne se limite pas seulement aux aspects physiques. C'est aussi un moment de réflexion et de célébration des succès, qu'ils soient grands ou petits. Prendre le temps de se remémorer les moments forts de la course, d'évaluer les performances et de réfléchir sur les défis surmontés est une pratique bénéfique. Cela peut se faire seul ou en partageant des expériences avec d'autres coureurs. Les discussions sur les différents aspects de la course, les émotions ressenties et les leçons apprises créent un sentiment d'appartenance et d'encouragement mutuel. Cela renforce également la motivation pour les futures courses et permet d'établir des objectifs à long terme.

Pour de nombreux coureurs, l'après-course devient une véritable célébration. Organiser un repas entre amis, partager des anecdotes ou simplement profiter d'un moment de détente peut renforcer les liens sociaux et créer des souvenirs mémorables. Ces célébrations ne doivent pas être perçues uniquement comme une récompense, mais comme une reconnaissance de l'effort fourni et un moyen de marquer un moment important du parcours sportif. La communauté des coureurs est souvent un élément clé de ces célébrations, renforçant l'esprit de camaraderie qui prévaut dans ce milieu.

La gestion de la récupération doit également inclure des pratiques de détente et de relaxation. Après une course, beaucoup de coureurs trouvent du réconfort dans des techniques telles que le yoga, la méditation ou des étirements doux. Ces activités favorisent la relaxation musculaire, aident à soulager les tensions et permettent de reconnecter le corps et l'esprit. Prendre un moment pour respirer profondément et se recentrer peut également être très bénéfique. Cela permet d'apaiser le mental et d'éviter le stress qui pourrait découler des efforts fournis.

Il est aussi important de planifier la récupération sur plusieurs jours après une course. Le corps a besoin de temps pour se remettre de l'effort physique intense. Les coureurs doivent écouter leur corps et adapter leur entraînement en conséquence, en intégrant des jours de repos actif, où ils peuvent pratiquer des activités légères comme la marche ou le vélo. Cela permet non seulement de récupérer physiquement, mais aussi de maintenir un rythme d'entraînement sans risquer le surmenage. L'approche de la récupération doit être progressive et personnalisée, en tenant compte des spécificités de chaque coureur et de l'intensité de l'effort fourni.

Les massages et les soins corporels peuvent également être intégrés dans la routine de récupération. Un bon massage aide à relâcher les muscles tendus, à améliorer la circulation sanguine et à réduire les douleurs musculaires. De plus, des techniques telles que l'utilisation de rouleaux en mousse peuvent être bénéfiques pour décontracter les zones particulièrement sollicitées. Ces soins corporels permettent non seulement de soulager les douleurs physiques, mais également d'apporter un sentiment de bien-être et de détente. Enfin, célébrer la réussite d'une course ne doit pas être limité à l'instant qui suit la ligne d'arrivée. Cela peut également inclure la reconnaissance des progrès réalisés dans le cadre d'un parcours à long terme. Prendre le temps de noter ses succès, de définir de nouveaux objectifs et de planifier les prochaines étapes de son entraînement contribue à maintenir la motivation et l'enthousiasme. La récupération devient alors un processus qui s'inscrit dans une dynamique plus large de développement personnel et sportif.

En somme, la récupération et la célébration après une course représentent des moments essentiels pour les coureurs.

Ce processus va bien au-delà du simple rétablissement physique ; il s'agit d'un rituel qui englobe le bien-être mental, et émotionnel.

En intégrant des pratiques de récupération adaptées et en prenant le temps de célébrer les succès, les coureurs cultivent une relation positive avec leur sport. Cela leur permet de se ressourcer, de renforcer leur motivation et de se préparer pour de futurs défis. Ainsi, la fin d'une course se transforme en une étape significative d'un parcours sportif, marquée par la célébration des efforts et des accomplissements, tout en posant les bases d'une nouvelle aventure.

10.

La course et le monde.

Courir ne se fait jamais en vase clos. Que l'on foule le bitume d'une grande ville ou les sentiers d'une forêt, la course est un dialogue avec le monde. Elle façonne notre rapport à l'environnement, nous sensibilise aux bruits, aux odeurs, aux saisons qui passent. Mais elle est aussi un lien social, une aventure partagée, une discipline qui unit des millions de coureurs à travers le globe. Courir, c'est se connecter à plus grand que soi.

Un acte de connexion universelle.

La course est bien plus qu'un simple mouvement corporel. Elle n'est pas seulement une série de pas qui se succèdent, un enchaînement mécanique de jambes et de souffle. Non, courir, c'est s'engager dans une interaction primordiale avec le monde autour de soi. C'est une forme de communion avec le sol, l'air, la nature, les paysages, mais aussi avec les autres. Chaque fois que l'on chausse ses baskets, ce n'est pas simplement pour s'évader ou pour se dépasser ; c'est pour se reconnecter, pour tisser des liens invisibles avec l'environnement et ceux qui l'habitent. La course devient ainsi une communion, un geste par lequel l'individu s'unit à son univers de manière intime, mais profonde.

Lorsque l'on court, nous ne nous limitons pas à une quête personnelle d'accomplissement. Nous devenons une partie d'un tout beaucoup plus vaste, un tout où notre corps devient un véhicule, une interface à travers laquelle nous ressentons l'énergie qui circule autour de nous. La terre sous nos pieds, l'air qui nous traverse, la chaleur du soleil sur notre peau, les bruits qui nous entourent : chaque élément devient un partenaire silencieux dans cette danse qu'est la course. Chacune de ces petites choses nous rappelle que nous faisons partie d'un ensemble bien plus grand que nous-mêmes. En ce sens, courir devient un acte profondément spirituel, un moyen de s'ancrer dans l'ici et maintenant tout en nous reliant à quelque chose de plus grand que notre simple existence.

Cela soulève alors une question fondamentale : que recherche le coureur dans cette connexion avec le monde extérieur ? Quel est ce quelque chose qui fait que courir, ce geste apparemment solitaire, devient une véritable expérience partagée, non seulement avec soi-même, mais aussi avec les autres, et avec la nature qui nous entoure ? La course, dans sa simplicité, devient un miroir dans lequel nous nous voyons non seulement sous l'angle de nos propres limites, mais aussi sous celui de notre relation à tout ce qui nous entoure.

La nature, par exemple, devient une source inépuisable de soutien. Courir en pleine nature, sur des sentiers forestiers ou le long des rives d'un lac, n'est pas simplement un moyen de s'évader, mais une manière de se fondre dans un espace vivant et respirant. Chaque élément naturel – que ce soit le vent qui souffle dans les arbres, l'eau qui ruisselle ou le sol qui résonne sous nos pieds – nous rappelle que nous ne sommes pas isolés. Au contraire, nous faisons partie intégrante d'un écosystème complexe et vibrant. La course nous permet de renouer avec cette réalité fondamentale : nous sommes des créatures de la nature, liés à elle dans une relation symbiotique.

Ce phénomène ne se limite pas à la nature sauvage. Même dans la jungle urbaine, lorsque l'on court à travers les rues d'une ville, cette connexion existe. Le bitume, les gratte-ciels, les foules, tout cela fait partie de l'environnement dans lequel nous évoluons. Et, étonnamment, la ville peut nous offrir une forme de connexion similaire à celle de la nature. Elle nous invite à nous ancrer dans l'ici et maintenant, à ressentir le pouls de la ville sous nos pieds et à prendre conscience de la richesse du monde urbain qui nous entoure. La ville, avec ses bruits, ses couleurs, ses odeurs, devient un terrain d'exploration. Courir dans la ville devient une manière de redécouvrir cet espace, de se reconnecter à la vie qui s'y déploie.

En définitive, la course à pied devient un puissant moyen de connexion avec le monde. Qu'il s'agisse de la nature, de la ville, des autres coureurs ou même des passants qui nous croisent, chaque course est une invitation à renouer avec notre environnement et à en apprécier chaque détail. Cela nous permet de nous libérer de l'agitation mentale, de nous libérer des préoccupations quotidiennes et de simplement être présents, là, dans l'instant. Nous devenons une partie de ce que nous traversons, et c'est dans cette interaction que réside toute la beauté de la course.

L'intensité de la présence.

Ce qui distingue véritablement la course, c'est sa capacité à nous plonger dans une forme d'intensité, de présence totale. Ce n'est pas un exercice de pensée ou de planification. Chaque foulée, chaque respiration nous force à être pleinement là, à nous connecter à chaque instant. Et lorsque nous faisons cette expérience de pleine présence, quelque chose se passe. Ce qui nous semblait être une activité ordinaire devient une forme d'éveil, un moyen de se réapproprier notre place dans le monde. Courir, c'est choisir de ralentir pour mieux apprécier la vitesse du monde qui nous entoure. C'est choisir de s'imprégner des sensations immédiates, de vivre le monde tel qu'il est, sans filtres ni distractions.

Chaque parcours, chaque chemin parcouru est une occasion d'apprendre à regarder le monde différemment, à observer les petites choses qui font que chaque lieu est unique. Qu'il s'agisse de l'ombre des arbres qui danse sur le sol ou des reflets du soleil sur une rue pavée, la course devient un moyen de percevoir le monde sous un autre angle. Cette capacité à percevoir intensément l'environnement crée une connexion profonde avec ce qui nous entoure, transformant chaque course en une aventure sensorielle, un voyage intérieur autant qu'extérieur.

À mesure que nous prenons conscience de cette interconnexion avec le monde, nous découvrons également que la course, tout en étant une expérience profondément personnelle, devient un acte social. La course unit. Elle rassemble les individus autour d'une même passion, d'un même objectif, qu'il s'agisse d'un simple entraînement en groupe ou d'une grande compétition internationale. C'est un moyen de se sentir en lien, de partager un même souffle, une même énergie.

La course n'est plus seulement une quête de performance ou d'égo, mais une manière d'unir des êtres humains autour d'une même passion, d'une même quête de dépassement et de connexion. Dans cette quête, la course devient un moyen de retrouver notre place dans le monde, de retrouver notre humanité dans un univers en perpétuelle évolution. C'est cette dimension humaine, et spirituelle qui donne à la course sa dimension universelle et intemporelle.

L'une des expériences les plus puissantes que la course peut offrir réside dans la connexion profonde qu'elle établit entre l'homme et la nature. Lorsque le coureur quitte le bitume des rues urbaines pour s'aventurer sur un sentier forestier ou traverse un champ ouvert, il ne se contente pas de bouger son corps ; il s'engage dans une relation vivante et dynamique avec l'environnement naturel qui l'entoure. Il ne s'agit plus simplement d'une performance physique ; il s'agit d'une interaction profonde et sensorielle avec la terre, les arbres, le vent et le ciel. L'homme, en courant dans la nature, ne fait plus qu'un avec elle.

Ce phénomène, bien que simple en apparence, revêt une dimension spirituelle et existentielle. Loin des bruits de la ville et des pièges de la vie moderne, le coureur retrouve un espace où il peut pleinement s'épanouir. L'environnement naturel n'est plus un cadre extérieur neutre dans lequel il évolue ; il devient une extension de lui-même. Chaque élément du paysage devient une partie intégrante de son expérience : l'arbre majestueux qu'il croise sur le sentier devient une silhouette familière, la rivière qu'il traverse devient une mélodie apaisante, et chaque colline qu'il gravira devient une étape de son propre périple intérieur. La nature, dans sa diversité et sa majesté, n'est plus un simple décor, mais un compagnon qui l'accompagne à chaque instant de sa course.

Une liberté totale et un retour à l'essentiel.

L'une des raisons pour lesquelles courir dans la nature est une expérience si particulière, réside dans la sensation de plénitude qu'elle procure. Contrairement à la course sur route, où le rythme est dicté par des repères artificiels, la course en pleine nature permet au coureur de s'affranchir de toute contrainte extérieure. Ici, il n'y a pas de murs, de frontières ou de règles imposées. L'espace s'étend à l'infini devant lui. Le chemin, souvent sinueux, peut être imprévisible, mais chaque détour devient une invitation à s'adapter, à explorer et à vivre pleinement le moment présent. Il n'est plus question de se concentrer sur la performance ou d'atteindre un objectif précis, mais de vivre cette expérience sensorielle à part entière.

Cette sensation d'évasion est amplifiée par l'interaction constante avec les éléments naturels. Le vent qui souffle sur son visage, les rayons du soleil qui réchauffent sa peau, la pluie qui lui éclabousse le visage, tout cela contribue à une expérience d'immersion totale. Le corps du coureur se fond dans l'environnement, il devient une extension de la nature elle-même. L'odeur de la terre humide après une pluie, le cri des oiseaux dans les arbres, le bruit des feuilles sous les pieds, ces éléments apparemment simples deviennent des trésors sensoriels qui enrichissent l'expérience de la course. Le coureur se laisse emporter par le flux naturel, il est présent à chaque instant, à chaque sensation.

La beauté du paysage joue un rôle important dans cette communion. Il n'est pas rare que le coureur s'arrête un instant pour contempler une vue panoramique, pour s'imprégner de la beauté de la nature qui l'entoure. La majesté des montagnes, l'infinie diversité de la végétation, la clarté d'un ciel bleu éclatant, tout semble concourir pour inviter le coureur à ralentir, à savourer ce moment de connexion. Les paysages qui défilent, les montagnes qui se dessinent à l'horizon, les lacs tranquilles qui reflètent la lumière du matin, tout cela nourrit l'âme du coureur. Ce dialogue silencieux entre le corps et la nature devient une méditation en mouvement.

Une méditation en mouvement.

La course en pleine nature est une expérience de pleine conscience. Dans ce cadre naturel, chaque mouvement est synchronisé avec l'environnement. Le coureur devient attentif aux sensations de son corps, à la texture du sol sous ses pieds, au rythme de sa respiration, à l'élan de ses jambes. Cette forme de méditation active, où le corps et l'esprit sont en totale harmonie, est une expérience profondément apaisante et régénératrice. En se concentrant sur l'instant présent, le coureur s'affranchit des préoccupations du quotidien. Les pensées qui souvent l'envahissent, les tensions qui s'accumulent dans sa vie, se dissipent peu à peu. La nature, par sa simplicité et sa beauté brute, a un pouvoir purifiant. Elle offre au coureur l'opportunité de s'ancrer dans l'ici et maintenant, d'écouter le monde qui l'entoure sans artifice.

Cette immersion dans la nature a un effet presque thérapeutique. Le corps, en mouvement, se libère du stress et des tensions accumulées. L'esprit, lui, trouve un réconfort dans la simplicité de l'environnement naturel. Plus besoin de lutter contre des objectifs de performance ou de faire face aux différentes attentes. Ici, la course devient une expérience pure et sans jugement. Le seul objectif est de courir, d'être là, de se fondre dans le paysage. Il n'y a pas de compétition, pas de pression. Juste le chemin devant soi, le corps qui se déplace, et la beauté du monde naturel qui se déploie autour de soi.

La simplicité retrouvée.

Dans un monde où la technologie et les loisirs incessants envahissent nos vies, courir dans la nature offre un précieux retour à la simplicité. À travers la course, le coureur est invité à revenir à l'essentiel. Il est de plus en plus courant de se sentir accablé par la surcharge d'informations, par les obligations, et par l'incessante pression de la performance dans tous les aspects de la vie. Mais la nature, dans sa quiétude et sa simplicité, offre une véritable bouffée d'air frais. En courant dans un environnement naturel, loin des technologies et des préoccupations quotidiennes, on revient à une forme de pureté originelle.

La course devient alors une reconnexion non seulement avec la nature mais aussi avec soi-même. Elle est un moyen de se recentrer, de se libérer des exhortations extérieures, et de se retrouver dans sa propre intimité. En courant, on redécouvre un rythme naturel, celui du corps et du monde. Loin des bruits de la ville, des messages instantanés et des exigences du travail, la nature offre un espace de paix où l'on peut se reconnecter avec la vérité simple de son propre être. La course devient un acte de réévaluation de ce qui est vraiment important, et de remise en perspective de nos vies.

Ainsi, courir dans la nature est un retour aux sources, une quête de simplicité, une immersion dans l'essence même de la vie. C'est un dialogue silencieux, mais puissant, avec l'environnement, qui nous rappelle que nous sommes, avant tout, des créatures de la nature, profondément liées au monde qui nous entoure. Chaque course devient alors une célébration de cette union entre l'homme et la nature, un moyen de retrouver notre place dans l'univers.

Courir en ville comme un acte de présence dans le monde.

La course à pied, loin de se limiter à la solitude apaisante de la nature, trouve également une place essentielle dans les espaces urbains, où les murs de béton, les rues animées et l'agitation constante caractérisent le quotidien. Lorsque le coureur s'élance sur le pavé d'une ville, il entre dans un monde où le paysage n'est plus seulement une toile de fond, mais une scène dynamique qui évolue à chaque instant. Ici, la course nous plonge dans une réalité urbaine en perpétuel mouvement. Le bruit incessant des voitures, les voix qui se croisent, le flot des passants, tout cela devient une symphonie de sons et de mouvements. Le coureur, tout en cherchant son propre rythme, devient une partie intégrante de ce ballet urbain, une note qui résonne dans le grand ensemble de la ville.

Courir dans une ville est une expérience paradoxale. D'un côté, le coureur se déplace à travers une jungle de béton, un labyrinthe de rues et de buildings où chaque coin de rue, chaque intersection, semble lui rappeler la densité de la vie urbaine. Les voitures, les bus, les piétons, les vélos, tout est en mouvement, rapide, souvent pressé. La ville est un organisme vivant, réactif et, parfois, oppressant. Mais dans cet environnement où tout semble être en flux constant, la course permet au coureur de s'affranchir, ne serait-ce que pendant un moment, de cette frénésie. Paradoxalement, le coureur trouve dans cet environnement une liberté absolue, une forme de rébellion douce contre la pression et l'agitation de la ville. Chaque foulée devient une affirmation personnelle, un acte qui dit : je suis là, je prends cet espace, je crée mon propre rythme.

Dans la ville, la course devient ainsi un moyen pour le coureur de se situer dans un espace saturé d'individus et de machines, mais où il demeure cependant une entité distincte. Alors que la ville pulse au rythme des voitures, des discussions, des bruits des marchés ou des commerces, le coureur choisit de se détacher de cette agitation collective pour trouver son propre tempo. Là où l'environnement urbain peut être saturé d'informations et de sollicitations, il offre au coureur l'occasion de se concentrer sur un seul objectif : avancer, respirer, sentir le corps en mouvement. En cela, la course devient un acte intime, un instant de dialogue silencieux avec soi-même, mais également avec l'environnement qui l'entoure. Tout en étant entouré de cette multitude, le coureur trouve un espace intérieur de tranquillité.

La ville devient alors un lieu où la coexistence de l'individuel et du collectif s'actualise dans la course. Le coureur fait partie intégrante de la vie urbaine, mais il évolue à son propre rythme, loin du conformisme imposé par la cadence frénétique des autres. Tandis que les piétons marchent, que les cyclistes avancent avec un but précis et que les voitures rugissent sur la route, le coureur se crée un espace-temps où il peut se concentrer sur l'essentiel : sa respiration, son mouvement, son souffle. Il n'y a pas de compétition, seulement un dialogue entre le corps et la ville. Et dans ce silence paradoxal au cœur du chaos, le coureur trouve un sens à sa présence. Le corps agit comme un reflet de l'émancipation personnelle, un moyen de se situer dans un espace en constante transformation tout en maintenant un équilibre intérieur.

La course comme acte de résistance.

Dans un univers de plus en plus axé sur la sédentarité, où la plupart d'entre nous passons des heures devant des écrans ou assis dans des bureaux, courir en ville devient une forme de délivrance contre cette immobilité imposée. Cette quête de mouvement et d'énergie est d'autant plus précieuse dans un monde qui, souvent, nous pousse à rester immobiles. Courir dans un environnement urbain est un moyen de reprendre possession de son corps et de son espace. Ce geste de se lancer sur les pavés devient une déclaration silencieuse mais forte : je refuse d'être enfermé dans des schémas sédentaires, je choisis d'être acteur de mon propre bien-être.

Ainsi, la course en ville devient aussi un moyen de réappropriation de l'espace public. Il s'agit de revendiquer un espace de liberté dans une ville souvent en proie à une consommation incessante de temps et d'énergie. Ce retour à l'essentiel, ce mouvement de résistance, se matérialise à chaque coin de rue, à chaque passage sur un trottoir.

Courir dans une ville, c'est aussi une façon de déconnecter et de se libérer du quotidien. Paradoxalement, même dans un environnement saturé la course devient une forme de refuge, un moyen de se déconnecter du monde extérieur pour se concentrer sur soi. Le coureur, tout en étant plongé dans l'agitation urbaine, trouve dans son mouvement une forme d'évasion intérieure. Il rétablit une relation intime avec son corps, avec son souffle, et avec l'espace qui l'entoure. Dans une époque où nous sommes constamment sollicités, courir devient un moyen de prendre du recul, de respirer profondément et de redonner du sens à ce qui semble souvent être une vie centrée sur la vitesse, la productivité et la consommation.

La course en ville, se transforme en un moyen d'affirmer sa présence dans le monde. C'est une façon de se lier à la foule, de prendre conscience de son environnement et de se réapproprier les espaces. À travers chaque foulée, le coureur affirme sa place, trouve son propre rythme et se reconnecte à l'essentiel. Il devient un acteur de pleine autonomie, un explorateur de l'espace urbain, et en cela, il participe activement à l'âme même de la ville.

Un phénomène mondial et communautaire.

L'un des aspects les plus fascinants de la course est sans doute son caractère universel. Peu importe où l'on se trouve dans le monde, courir semble être une activité partagée par des millions de personnes, transcendant toutes sortes de barrières. Cette pratique ne se limite pas à un groupe spécifique d'individus ou à une catégorie particulière. Que l'on soit dans les rues animées d'une métropole, sur un sentier en montagne, au cœur d'un désert brûlant ou au bord d'une plage tranquille, la course réunit des gens de toutes cultures, de toutes origines et de tous horizons. Elle devient un langage universel, un moyen d'expression physique et mentale qui transcende les frontières géographiques, sociales et culturelles.

La course, par son aspect simple et naturel, semble être l'une des formes d'exercice les plus accessibles. Elle ne nécessite pas d'équipement sophistiqué ni de structures complexes. Une paire de chaussures et un peu d'espace suffisent à quiconque souhaite se lancer. Elle n'est ni réservée aux athlètes professionnels, ni limitée à une classe particulière. Elle accueille aussi bien les jeunes que les personnes âgées, les débutants que les experts. Cette démocratisation de la course est un des éléments qui la rend si puissante et émotive. Peu importe le lieu, la course permet à chaque individu de se sentir libre, d'atteindre un certain niveau d'accomplissement personnel. C'est une activité qui va bien au-delà du sport : elle est un phénomène mondial qui trouve écho dans toutes les cultures et tous les coins du monde.

Les événements de course à pied, tels que les marathons, les ultratrails ou les courses solidaires, illustrent parfaitement cette dimension universelle. Ces rassemblements mondiaux attirent des participants de toutes sortes de milieux, qu'il s'agisse de coureurs amateurs ou d'athlètes professionnels. Peu importe leur origine, leur statut ou leur expérience, tous ces coureurs partagent un même but : aller plus loin, se surpasser, et vivre une expérience qui dépasse la simple compétition. Ces courses, par leur ampleur et leur diversité, témoignent de l'esprit communautaire qui caractérise la culture de la course. En dépit de la nature individuelle de l'effort, où chaque coureur doit se battre contre ses propres limites, il existe une forme de solidarité collective qui en fait un acte profondément humain.

Dans chaque événement de course, on ressent une volonté commune de se soutenir les uns les autres, de s'encourager et de se pousser mutuellement à donner le meilleur de soi-même. Ce soutien mutuel est souvent visible sur les parcours, où les coureurs, épuisés mais déterminés, se motivent entre eux, s'encouragent, et célèbrent ensemble chaque étape franchie. Ce phénomène d'entraide et de fraternité va bien au-delà de la compétition. En effet, à chaque course, même lorsque l'objectif est de battre un record personnel, ce n'est pas seulement l'aspect de la performance qui prime, mais l'expérience partagée, l'atmosphère de camaraderie qui unit les participants.

Chacun se sent solidaire de l'autre, car tous les coureurs sont, d'une manière ou d'une autre, confrontés aux mêmes défis : la douleur, la fatigue, la lutte contre soi-même. Et c'est dans cette lutte commune que se forge l'esprit de solidarité, où l'accomplissement de l'un devient la victoire de tous. Ce phénomène communautaire est encore plus palpable lorsqu'on parle de courses organisées dans un but humanitaire ou environnemental. De nombreuses courses à travers le monde sont désormais dédiées à la collecte de fonds pour des causes diverses : des projets visant à lutter contre la pauvreté, la recherche pour le cancer, la protection de l'environnement, ou encore l'aide aux réfugiés. La course devient alors un moyen de contribuer à une cause plus grande que soi. Dans ce contexte, courir n'est plus seulement une quête personnelle de dépassement, mais un acte citoyen, un geste de solidarité envers les autres et envers la planète.

L'engagement dans ces courses solidaires donne une toute nouvelle dimension à la pratique de la course à pied. Chaque kilomètre parcouru devient une étape dans un parcours de solidarité. En cela, la culture de la course à pied devient un mouvement mondial qui relie les individus non seulement par la recherche du dépassement personnel, mais aussi par leur engagement dans des causes plus larges. Les coureurs ne sont plus seulement des athlètes, mais des citoyens actifs, faisant leur part pour améliorer le monde, chacun à sa manière. La culture de la course, en se diversifiant et en s'étendant à l'échelle mondiale, devient ainsi un véritable mouvement collectif. Peu importe la destination, peu importe la cause, ce qui compte, c'est ce que les coureurs partagent : un même élan, une même énergie. C'est une pratique qui unit les individus, indépendamment de leurs différences, dans une quête de sens et de solidarité. En ce sens, la course à pied devient un miroir de la société : un lieu où la diversité, la compétition et la solidarité coexistent, et où l'on peut à la fois chercher à se dépasser et à contribuer à un monde meilleur.

La course et l'évolution de la société.

Au fil des années, la manière dont la course à pied est perçue et pratiquée dans la société a radicalement changé.

Ce qui était autrefois une activité principalement réservée aux athlètes professionnels et aux passionnés de sport s'est progressivement transformée en une pratique universelle, accessible à tous. Il est fascinant de constater à quel point la course a su se démocratiser et comment elle occupe aujourd'hui une place centrale dans la vie de millions de personnes à travers le monde. Ce phénomène, que l'on qualifie souvent de « running », n'est pas seulement un effet de mode, mais une véritable révolution dans la façon de concevoir le sport et la santé dans notre société contemporaine.

Le boom du « running » a pris une ampleur considérable ces dernières décennies, propulsant la course à pied au rang de pratique populaire, souvent pratiquée en dehors des espaces traditionnels de la compétition. Autrefois limitée aux stades et aux coureurs de haut niveau, la course s'est déplacée dans les rues, les parcs, et même les montagnes, devenant ainsi une activité quotidienne pour un grand nombre d'individus. Désormais, il n'est pas rare de croiser des coureurs, qu'ils soient jeunes ou vieux, sur des parcours urbains ou naturels, à toute heure de la journée. La croissance des événements de course – qu'il s'agisse de marathons, de semi-marathons ou de courses locales – est une illustration parfaite de cette évolution. Ces rassemblements, parfois gigantesques, ont vu leur popularité exploser, et chaque course devient un moment de communion collective. Ce n'est plus seulement une compétition pour la médaille ou le chronomètre, mais un moyen de vivre une expérience partagée, où les coureurs de tous niveaux peuvent se retrouver, échanger et célébrer l'effort collectif.

Cet engouement mondial pour la course à pied ne pourrait pas avoir eu lieu sans une profonde évolution dans l'accessibilité des équipements et des infrastructures.

Alors qu'auparavant, courir nécessitait des chaussures de sport spécialisées et des vêtements spécifiques, aujourd'hui, les équipements sont devenus plus abordables, plus nombreux, et plus adaptés à toutes les pratiques. Les grandes marques ont diversifié leurs gammes, permettant à chacun de trouver le matériel qui correspond à ses besoins et à son budget. L'avènement des applications mobiles et des montres connectées a également joué un rôle crucial dans l'évolution de la pratique de la course. Désormais, chaque coureur peut suivre ses performances en temps réel, mesurer ses progrès et définir des objectifs personnels. Ces technologies, souvent accompagnées de plateformes communautaires, permettent aux coureurs de se connecter entre eux, de partager leurs exploits, et de s'inspirer des réussites des autres. La course, en se numérisant, est devenue un moyen de s'immerger dans un monde virtuel de défis, de statistiques et de records. De plus, les réseaux sociaux ont amplifié ce phénomène, permettant à chacun de publier ses résultats et de recevoir des encouragements de ses amis, de ses proches, ou même d'inconnus partageant la même passion.

Cette démocratisation de la course à pied va bien au-delà des aspects technologiques ou des changements d'équipements. Elle reflète un changement profond dans les mentalités et les priorités de la société moderne. Le bien-être, tant physique que mental, est désormais au cœur des préoccupations de nombreux individus. Dans cet univers, la course s'impose comme un moyen simple et efficace de rétablir un équilibre. L'importance de se maintenir en bonne santé, d'entretenir son corps et d'être à l'écoute de soi-même est plus que jamais mise en avant. Mais ce n'est pas uniquement le bien-être physique qui motive les gens à courir ; c'est aussi une quête de bien-être mental, de relaxation et de déconnexion des pressions quotidiennes. La course est perçue comme une forme de libération, une pause dans le tumulte de la vie moderne. C'est un moment où l'on peut se recentrer, où l'on se reconnecte avec soi-même tout en se libérant des préoccupations extérieures.

Ce changement de paradigme est également le reflet d'une évolution des rapports avec notre propre corps. Courir n'est plus simplement un moyen de gagner des compétitions ou d'atteindre une performance. C'est une démarche d'acceptation de son corps, de prise en main de sa santé et de son bien-être personnel. L'accent est désormais mis sur la santé durable et le plaisir d'être actif. La course devient une façon de nourrir un esprit positif vis-à-vis de soi-même, de renforcer son estime personnelle et de prendre soin de son corps de manière proactive. Dans une société où l'image corporelle est parfois source de pression et de jugement, courir offre une forme de réconciliation, en mettant l'accent sur la force, l'endurance et la vitalité plutôt que sur les apparences.

Mais cette évolution ne se limite pas simplement à l'aspect individuel de la pratique. L'aspect collectif et communautaire de la course a également joué un rôle clé dans son développement. Les événements de course, notamment ceux qui se déroulent à l'échelle mondiale, favorisent l'émergence d'une culture de partage et de solidarité. Bien que la course reste une activité personnelle, elle incite à l'entraide, à la solidarité, et à la célébration des réussites communes. Les coureurs se soutiennent les uns les autres, se motivent, échangent des conseils et des expériences. La course est désormais perçue comme un dépassement personnel et comme une occasion de s'inscrire dans une communauté plus grande, celle des personnes soucieuses de leur bien-être et de la santé.

Ainsi, la course à pied, qui était autrefois une activité élitiste, s'est transformée en un phénomène mondial et populaire, porté par l'envie de se connecter à soi-même, aux autres et à son environnement. En se démocratisant, elle s'est inscrite dans un mouvement global de recherche de sens, de mieux-être et de solidarité. Aujourd'hui, courir n'est plus seulement une question de performance, mais une véritable démarche de vie. Et dans ce processus, la course a réussi à s'imposer comme un vecteur de changement dans notre société, en nous incitant à prendre soin de notre corps, à repousser nos limites, et à nous épanouir dans un monde de plus en plus connecté.

Courir pour se relier au monde.

La course à pied, lorsqu'on y pense, semble être une activité simple : un corps qui avance à travers l'espace, un souffle qui rythme les pas. Pourtant, cette pratique devient un moyen puissant de se connecter au monde, de renouer avec des éléments essentiels de notre existence, qu'ils soient naturels, urbains, communautaires, ou même philosophiques. Chaque course n'est pas simplement une succession de foulées, mais un acte de rencontre, une manière d'établir un lien intime et profond avec l'environnement qui nous entoure. La nature, la ville, la société, et les causes humanitaires trouvent toutes leur place dans cet espace où le corps et l'esprit s'unissent pour vivre l'instant présent.

D'abord, il y a la nature. Que l'on coure à travers des forêts, sur des sentiers montagneux ou le long d'une rivière, chaque course dans la nature devient un retour aux sources. Il ne s'agit pas seulement de fournir un effort physique, mais d'intégrer la nature dans son expérience, de ressentir chaque détail de l'environnement : le sol sous les pieds, l'air frais, les odeurs de la terre et des végétaux. La nature devient un partenaire, un espace de dialogue silencieux où le coureur peut se perdre pour mieux se retrouver, où le temps semble suspendu, et où chaque élément du paysage participe à la construction de l'expérience de la course. La nature nous pousse à vivre dans l'instant, à ralentir, à nous concentrer sur les sensations primordiales qui nous relient à l'environnement. C'est dans ce cadre que la course devient une véritable communion avec le monde vivant, une manière d'exister en harmonie avec les éléments, loin des préoccupations quotidiennes.

Puis, il y a la ville. Bien que l'on puisse penser que courir en milieu urbain est une expérience bien différente, la ville, elle aussi, offre une dimension particulière de connexion. Elle est vivante, vibrante, pleine d'énergie, et, paradoxalement, la course en ville devient une manière d'affirmer sa présence dans un monde où la simplicité est difficile à appréhender. Dans le tumulte des rues, des passants et des véhicules, le coureur trouve son propre tempo. Il n'est pas simplement un individu qui évolue dans la ville, il en fait partie, il est en dialogue constant avec les structures qui l'entourent. La ville, au lieu de contraindre, devient un terrain de liberté où chaque course favorise réappropriation de l'espace. Courir permet de résister à la sédentarité imposée par la vie moderne, une manière de revendiquer sa place dans un monde qui semble parfois nous pousser à l'immobilisme. Courir dans la ville, c'est faire corps avec son environnement, tout en s'en détachant, en trouvant sa propre voix parmi la cacophonie.

La course ne se limite pas à la nature et à la ville. Elle s'inscrit également dans un cadre plus large, celui de la communauté. En participant à des événements collectifs comme des marathons ou des courses solidaires, le coureur se relie aux autres. Chacun porte ses propres motivations, ses propres objectifs, mais ensemble, ils partagent une expérience unique. L'esprit de fraternité qui se développe dans ces moments est un moteur puissant. La course à pied, en dépit de sa nature individuelle, prend la forme d'une expérience collective, de soutien et d'encouragement mutuels. L'union dans l'effort, les échanges d'astuces, les sourires partagés à la ligne d'arrivée , tout cela transforme la course en une pratique profondément humaine, un moment où l'individu est porté par le groupe, et où l'on se rend compte que, au-delà de la performance, ce qui compte vraiment, c'est l'expérience vécue ensemble.

La course à pied, et plus largement la culture du running, s'est aussi inscrite dans des enjeux plus vastes, allant au-delà du simple objectif sportif. Les courses solidaires, les événements caritatifs, les marathons de collecte de fonds pour des causes humanitaires ou environnementales témoignent de cette nouvelle dimension de l'activité. Courir devient alors un acte d'engagement, un moyen de se relier à des enjeux mondiaux, de participer activement à la construction d'un monde meilleur. Que ce soit pour financer la recherche sur des maladies, pour lutter contre le réchauffement climatique, ou pour soutenir toute autre cause, chaque foulée devient une contribution, aussi modeste soit-elle, à un objectif plus grand que soi. C'est dans cette perspective que la course à pied dépasse le cadre de la performance individuelle et prend toute sa dimension universelle : courir est alors propice à l'échange, et à l'interaction.

La course incarne une expérience sensorielle et émotionnelle, un moyen de se relier à soi-même et aux autres, de renouer avec la nature, de s'inscrire dans un mouvement collectif, et de participer à des causes plus grandes que soi.

Chaque course est une invitation à l'aventure, à la découverte, à la redécouverte. Chaque foulée est un pas de plus vers une prise de conscience plus profonde de ce que signifie être vivant, présent et connecté au monde qui nous entoure. Courir devient ainsi un acte universel, un pont entre l'individu et l'univers, une manière de se dépasser tout en se retrouvant au cœur d'un monde vibrant de possibilités. Que l'on soit seul sur un sentier ou que l'on foule le pavé d'une grande ville, la course est une invitation à se relier au monde de manière plus intime, plus authentique, et plus essentielle.

11.

L'indépendance par la course.

La liberté ultime ne se trouve pas dans la vitesse ni dans la distance parcourue, mais dans l'autonomie qu'offre la course. Partir courir, c'est choisir son propre rythme, c'est s'affranchir des contraintes, c'est avancer par sa seule force. Aucun moteur, aucun artifice, juste un corps en mouvement et une route devant soi. À chaque foulée, le coureur s'émancipe, gagne en confiance, en indépendance. Courir, c'est être libre.

Se libérer pour mieux se définir.

L'indépendance, dans le cadre de la course à pied, ne se limite pas à l'idée de courir seul., elle touche à l'essence même de ce que signifie être libre. La course devient une forme de libération intérieure, un acte radical de rupture avec les dépendances externes qui nous entravent au quotidien. Dans un monde qui nous pousse constamment à nous conformer aux normes, aux attentes et pressions, courir offre un moyen direct et puissant de se libérer de ces carcans, et de renouer avec une liberté véritable et totale. Ce n'est pas juste une échappatoire mais un chemin pour se retrouver, pour se détacher de tout ce qui nous contraint et nous limite, qu'il s'agisse de nos propres peurs ou des influences extérieures.

La course à pied est une quête de redéfinition de soi. Lorsque nous chaussons nos baskets, nous nous éloignons des regards, des jugements, des attentes des autres. Chaque foulée devient un acte de désaliénation contre l'idée préconçue de ce que nous devrions être, et une affirmation de ce que nous choisissons d'être. Cette indépendance n'est pas seulement physique mais également mentale et émotionnelle. En courant, on s'échappe de l'emprise des pensées envahissantes et des pressions quotidiennes. On déconnecte du tumulte extérieur pour se reconnecter avec soi-même. Loin des distractions incessantes de la société moderne, l'esprit trouve un espace pour respirer, réfléchir, et se recentrer. Il y a une forme de puissance qui naît dans cet isolement volontaire, une forme de contrôle sur soi-même, sur son corps et sur son esprit. La route, qu'elle soit une piste isolée en pleine nature ou un trottoir en ville, devient le lieu de cette quête solitaire, mais profondément enrichissante, où l'on cherche non seulement à se surpasser physiquement, mais aussi à se redéfinir intérieurement.

Dans ce monde saturé de stimuli, la course est un moyen unique de s'échapper de la pression constante d'une société qui exige toujours plus de nous. C'est un processus de purification mentale, une respiration pour l'âme. À chaque foulée, on se libère un peu plus des attentes, des conventions, et de ce qui pourrait nous limiter dans notre épanouissement personnel. La course illustre la recherche de la liberté absolue, dans sa forme la plus pure et authentique : celle d'un être humain seul avec lui-même, en communion avec son corps et ses pensées, sans aucune entrave.

C'est un retour à une forme de simplicité brute, où l'on apprend à se définir à travers l'effort et le dépassement de soi, sans que le regard de l'autre n'intervienne pour altérer notre perception.

L'évasion qui émerge de la course est radicale. Elle ne se contente pas d'une simple séparation d'avec la société, elle nous permet de nous redécouvrir en dehors des rôles et des obligations. Elle crée un espace dans lequel la personne peut s'épanouir, se réinventer et se découvrir sous un jour nouveau. L'indépendance que la course offre n'est pas seulement une question de solitude, mais de construction d'un soi sincère, affranchi des contraintes extérieures, et prêt à embrasser sa propre vérité. Ce chemin vers l'autonomie n'est pas seulement physique, il est mental et spirituel, une véritable libération qui résonne profondément avec le désir humain de se définir au-delà des attentes, des influences et des dépendances imposées par la société.

Ainsi, la course à pied devient un acte fondateur, une révolte douce mais puissante contre les chaînes invisibles du quotidien. Elle offre un espace dans lequel on peut se perdre pour mieux se retrouver, dans lequel la simplicité du mouvement et de la respiration devient un refuge, un lieu de redéfinition de soi, un endroit où l'on apprend à se réapproprier pleinement sa vie. C'est dans cet élan de liberté que la course révèle toute sa dimension.

La course comme acte de rébellion intérieure.

La course à pied, de prime abord, semble être un geste répétitif. Un pied devant l'autre, un souffle qui se fait plus profond à mesure que l'effort se fait sentir. Le corps qui se meut, un rythme qui s'installe. Cependant, à y regarder de plus près, la course à pied se révèle être bien plus qu'un acte mécanique. Pour beaucoup de coureurs, chaque course représente une rébellion silencieuse, une forme de résistance contre les attentes imposées par la société moderne. Chaque foulée devient un moyen de se détacher de l'influence extérieure, une manière de revendiquer un espace de liberté au sein d'un monde qui semble toujours vouloir nous définir par nos obligations et nos rôles.

Dans ce contexte, courir devient un acte radical, une déclaration de non-conformité. Les chemins tracés par la société nous imposent des rythmes de vie, des attentes précises. Il faut réussir, performer, suivre les standards. Mais en chaussant ses baskets, le coureur choisit de rompre avec cette normalité, de s'affranchir des diktats imposés par un monde qui valorise la productivité à tout prix. La société actuelle semble favoriser l'inaction, la consommation passive, le confort permanent. Le monde est de plus en plus sédentaire, et la course à pied, par sa nature même, devient un acte de délivrance contre cette tendance. L'effort physique, la sueur, la douleur, la respiration haletante, tout cela devient un moyen de se réapproprier son corps et son bien-être, loin des pratiques qui favorisent l'inertie et l'obésité mentale.

La course devient une réponse au mal-être généré par cette culture de la sédentarité. De nos jours, la performance est mesurée par l'instantanéité et l'individu se doit d'être constamment connecté et occupé. Courir représente alors un acte délibéré de recentrage sur soi. Chaque pas, chaque respiration devient une prise de position contre un système qui veut nous faire oublier que notre corps est conçu pour bouger, pour être actif, pour se libérer de l'influence des objets et des informations qui l'encombrent.

Le besoin d'indépendance que nous ressentons à travers la course est profondément ancré dans cette résistance contre les modèles imposés par la société. Cette quête de liberté ne s'arrête pas à l'aspect physique de la course, elle s'étend à tous les aspects de notre vie. Courir, c'est tout simplement dire non à la course effrénée vers le confort matériel, à la recherche de toujours plus, à l'obligation d'être toujours plus performant et productif. C'est dire oui à l'authenticité, à l'effort sincère, à la simplicité retrouvée du mouvement, à la liberté intérieure. La course est une manière de se redéfinir, de se remettre en question face aux forces extérieures. Elle offre une opportunité unique de se connecter à soi-même, de prendre le temps de découvrir sa propre réalité, sans les distractions, sans les attentes des autres, dans un acte radical de retour à soi.

Ce besoin d'affirmation passe également par la reconquête de notre corps. S'insurger, c'est refuser la condition de spectateur passif et choisir de devenir acteur de sa propre vie. Chaque foulée est une manière de se réapproprier son corps, d'en faire un outil d'expression, d'affirmer sa liberté physique et psychologique. En courant, le corps se libère, se réinvente, se redéfinit. L'effort physique nous permet d'aller au-delà de nos limites, de dépasser ce que nous croyons possible et de retrouver une forme de puissance qui semblait oubliée. Ce mouvement, qui peut sembler simple, devient une manière de se libérer des chaînes invisibles que la société a tissées autour de nous. La course devient alors une réponse, une manière de déclarer qu'en dépit des normes imposées, nous avons le pouvoir de choisir notre propre trajectoire.

Mais au-delà de cette résistance contre la société, courir est également une affirmation de soi. Il ne s'agit pas de suivre un modèle extérieur, de se conformer à ce qui est attendu. Non, courir, c'est refuser de se laisser définir par les standards sociaux. C'est choisir de se reconnecter à son essence la plus profonde, à ce que l'on est réellement, sans le filtre des attentes collectives. La course nous rappelle que nous ne sommes pas obligés de suivre un chemin tout tracé.

Loin des dictats sociaux, loin de cette tendance à se conformer, courir devient un moyen de se choisir, de se donner la possibilité de se définir au-delà des rôles qui nous sont attribués. La course devient ainsi un acte profondément personnel et intime, une manière d'écrire sa propre histoire, de choisir son propre parcours. Elle permet de rompre avec les stéréotypes, de refuser de se conformer à une vision unique de ce que l'on devrait être. Chaque course devient une occasion d'affirmer son identité, de s'affranchir des contraintes externes, et de se reconnecter à ce que nous sommes au fond de nous-mêmes. Dans un monde de plus en plus normé, la course offre une bouffée d'air frais, une chance de respirer et de prendre conscience de notre potentiel intérieur.

C'est une opposition contre tout ce qui cherche à nous enfermer dans des cases, à nous faire oublier notre vraie nature. La course devient ainsi une quête personnelle, d'authenticité et de puissance intérieure.

La course comme émancipation physique et mentale.

L'indépendance que la course à pied procure va bien au-delà de l'aspect psychologique, elle touche également à l'émancipation physique. Courir, c'est avant tout prendre le contrôle total de son corps. Chaque foulée, chaque respiration devient une expression de notre volonté, un acte conscient de maîtrise sur notre propre mouvement. Le coureur n'est plus soumis aux limites extérieures qui façonnent son quotidien.

Il est le maître de ses gestes, de son souffle, de sa cadence. Le corps, loin d'être une contrainte, devient un partenaire avec lequel il évolue, un instrument au service de son autonomie.

Lorsque le coureur s'élance sur la route, qu'il soit en pleine préparation pour un marathon ou qu'il effectue une simple session d'entraînement, il entre dans un processus qui dépasse largement le cadre physique. La course impose une discipline, un travail quotidien qui sollicite le corps tout entier. Chaque muscle, chaque articulation doit fonctionner en harmonie pour que le mouvement soit fluide, efficace. Ce travail constant de mise à l'épreuve physique permet de repousser les limites du corps. Là où l'on croyait ne pas pouvoir aller plus loin, une nouvelle distance, un nouveau défi apparaît. Le corps devient plus fort, plus endurant, et, par ce biais, plus indépendant. En effet, ce processus de dépassement rend le coureur capable de prendre ses distances vis-à-vis des contraintes physiques qu'il subit dans la vie quotidienne. La douleur et la fatigue, qui jadis pouvaient sembler insurmontables, deviennent de simples obstacles à franchir, une invitation à repousser encore plus loin les frontières de ses capacités.

Le véritable pouvoir de la course réside dans cette capacité à tester et à transcender les limites du corps. Courir sur de longues distances, en particulier dans des conditions difficiles, exige une attention totale, une gestion fine des ressources corporelles et mentales. Chaque marathon, chaque course longue est une émancipation physique mais aussi mentale, une occasion de découvrir de nouvelles facettes de soi-même, de son endurance, de sa capacité à surmonter les épreuves. La course permet d'explorer l'infini potentiel du corps humain, de repousser cette idée que nos capacités sont déterminées par des facteurs externes. Elle prouve que nous sommes bien plus capables que ce que nous croyons, que la résistance aux difficultés ne dépend pas uniquement de notre condition physique, mais aussi de notre détermination à aller au-delà des douleurs, des limites, et des obstacles.

Mais au-delà du travail purement physique, la course à pied devient également un espace de révolte contre la fragilité mentale et émotionnelle que la vie moderne nous impose. La véritable émancipation dans la course réside dans la façon dont elle permet de libérer l'esprit. En effet, la course demande beaucoup plus qu'un effort physique. Elle exige de l'endurance mentale, du courage et une force de volonté qui dépassent souvent les douleurs. En affrontant la fatigue, en surmontant les pensées négatives, le coureur apprend à maîtriser son esprit. Il prend conscience de sa capacité à tenir bon, à poursuivre l'effort même lorsque la volonté semble faiblir. Chaque kilomètre parcouru devient une petite victoire sur soi-même, une affirmation de la capacité de l'esprit humain à se libérer des chaînes du doute et de la faiblesse.

Dans ces moments de solitude, lorsque les pensées envahissent l'esprit et que chaque foulée n'est que persévérance, il est possible de ressentir un état de flux mental, une forme de méditation en mouvement. L'esprit se déconnecte du tumulte extérieur et trouve refuge dans l'instant présent. Tout ce qui compte, c'est le mouvement, la respiration, la cadence. Ce processus de libération mentale est essentiel pour l'indépendance intérieure. Courir permet d'échapper aux préoccupations quotidiennes, aux pensées stressantes et aux obligations. Il y a une forme de clarté qui s'installe, une sorte de purification de l'esprit, où l'on apprend à se détacher des jugements extérieurs et à se concentrer sur soi-même. En courant, on apprend à être présent, à se libérer du poids de l'anxiété et du stress, et à se reconnecter à notre propre vérité.

Cette introspection n'est pas uniquement bénéfique pour l'individu sur le plan personnel, elle a des répercussions sur ses relations avec les autres. Bien que la course soit souvent perçue comme une activité solitaire, elle crée une forme de communion et de solidarité parmi les coureurs. Dans les moments où nous sommes seuls face à nous-mêmes, nous découvrons également une forme de fraternité. En traversant la douleur, la fatigue et les difficultés, une forme de respect mutuel émerge naturellement entre les coureurs. Que ce soit lors d'une course de groupe ou dans des moments d'entraînement solitaire, les coureurs partagent un même défi, une même lutte pour dépasser les limites physiques et mentales. Cette solidarité, souvent silencieuse mais palpable, renforce le lien humain. Au moment où chacun se trouve face à ses propres défis, un respect mutuel naît. Chaque coureur devient le témoin de la résistance de l'autre, une forme de soutien tacite qui se manifeste dans les encouragements, les regards partagés et, parfois, les gestes d'aide qui se produisent dans les moments de difficulté.

Ainsi, l'émancipation physique et mentale qu'offre la course est une forme de liberté qui ne se limite pas à l'individu. Elle crée également un espace où la relation avec soi-même devient le fondement de toute interaction avec les autres. Courir permet de se libérer des attentes extérieures, de se redéfinir, de se reconnecter avec sa propre force intérieure et, à travers cette émancipation, de créer un espace de solidarité et d'entraide. La course à pied devient ainsi une école de l'autonomie, un lieu où l'on apprend à être plus fort, plus serein, mais aussi plus solidaire.

La course et l'indépendance sociale.

La course à pied apparaît comme un puissant vecteur d'indépendance. Dans une société où les pressions dictent souvent notre valeur, nos aspirations et nos objectifs de vie, la course à pied offre un moyen unique de s'affranchir de ces attentes externes. Les normes qui valorisent l'apparence, la réussite professionnelle, ou les critères de performance imposés par la société, deviennent futiles lorsque l'on se retrouve sur la route, seul face à soi-même. Courir, dans ce contexte, permet de remettre en question ces pressions et de se concentrer sur des critères de réussite profondément personnels. Loin de l'idée que l'on doit constamment être jugé par les autres, chaque course devient une expérience de redéfinition de soi, un moyen de mesurer ses progrès en fonction de son propre cheminement, sans l'influence d'un regard extérieur.

Dans cette quête de liberté, la performance n'est plus dictée par la recherche ou des compétitions de statut. Le véritable critère devient la satisfaction intérieure, le dépassement de soi-même, la recherche de nouveaux défis personnels. Un marathon, une nouvelle distance à parcourir, une meilleure gestion du souffle, une exploration d'un parcours inconnu, tous ces éléments deviennent les véritables indicateurs de réussite pour le coureur. La course devient ainsi un espace sacré où les comparaisons inutiles sont évitées et où chacun est libre de tracer son propre chemin. Plus que jamais, courir permet de se détacher des critères imposés par une société où la compétition et l'apparence physique sont omniprésentes. Le coureur devient l'architecte de sa propre évaluation, et cette autonomie est en elle-même une forme de libération.

Ce processus d'indépendance se manifeste également à travers la capacité de briser les barrières et les hiérarchies qui souvent divisent les individus. La course à pied, en tant qu'activité universelle, ne fait aucune distinction entre les personnes, quelle que soit leur origine ou leur statut. Lorsque l'on se présente à la ligne de départ, peu importe que l'on vienne de milieux différents ou que l'on possède une fortune inégale. Tous les coureurs, qu'ils soient professionnels ou amateurs, jeunes ou âgés, riches ou pauvres, se retrouvent sur un pied d'égalité. Le seul critère qui compte est celui de la performance personnelle, du parcours que chaque coureur s'est choisi. Cette égalité radicale sur la ligne de départ est un puissant symbole d'indépendance. Elle renverse les hiérarchies traditionnelles qui prévalent dans d'autres sphères de la vie, où le statut, la richesse, et le pouvoir dictent souvent les rapports entre les individus.

Le corps du coureur devient ainsi l'unique unité de mesure de la réussite. C'est lui qui dicte la performance, sans l'interférence des distinctions sociales. Cela transforme la course en une forme de lutte purement personnelle, où le principal enjeu est de franchir une ligne d'arrivée, quel que soit le niveau d'expérience ou de préparation. La société, avec ses critères souvent rigides de réussite, disparaît dans cet espace-temps de la course. Il n'y a plus de place pour les jugements extérieurs, car c'est l'individu seul qui décide de ce qui constitue son propre accomplissement.

Ce processus d'émancipation des hiérarchies trouve son apogée dans l'idée même de l'inclusivité de la course. Peu importe d'où l'on vient, quelle est notre position, ou encore quelles ressources nous possédons, courir devient un acte d'égalité. Dans une course, il n'y a pas de différences entre ceux qui arrivent en tête ou ceux qui terminent en fin de peloton. L'important est de participer, de donner le meilleur de soi-même et de franchir la ligne d'arrivée, symbolisant la victoire sur soi-même. Cette dimension égalitaire de la course contribue à réduire les fractures et à créer des liens honnêtes et respectueux entre des individus qui, dans un autre contexte, n'auraient peut-être jamais eu l'occasion de se rencontrer.

Enfin, cette indépendance que la course procure est aussi une forme de résistance face aux inégalités. Dans un monde où la réussite est souvent mesurée par des critères externes, la course permet de réinventer un autre type de succès, fondé sur la persévérance, la résilience et l'effort individuel. Chaque coureur devient, à sa manière, un rebelle contre la dictature des attentes. En se consacrant à son propre développement, en se libérant des carcans, il redéfinit ce que signifie réussir et, par là-même, rejette les normes établies de comparaison. Courir, c'est donc refuser de se soumettre à une société où la hiérarchie des valeurs est dictée par l'argent, le pouvoir et l'apparence. C'est affirmer que la véritable indépendance réside dans la capacité à se défaire de ces critères externes et à choisir ses propres critères de réussite.

Dans ce sens, la course à pied devient une puissante aspiration de paix qui résonne dans chaque foulée. C'est une forme de résistance silencieuse contre un monde où la compétition, la consommation et les attentes sociétales sont omniprésentes. En choisissant de courir, chacun définir sa propre trajectoire, ses propres victoires, et son propre rapport à son environnement. Et c'est là la véritable émancipation : la capacité de se libérer des jugements sociaux pour suivre son propre chemin, sans se laisser écraser par les normes imposées.

L'indépendance dans la communauté de la course.

L'indépendance recherchée par la course à pied ne doit pas être vue comme une quête d'isolement ou un rejet de la communauté. Au contraire, c'est dans le cadre même de la communauté des coureurs que cette indépendance prend toute sa richesse et sa profondeur. En effet, la course, bien qu'éminemment personnelle, s'épanouit dans des environnements collectifs qui permettent de concilier autonomie et solidarité. Les événements de course, les clubs de running ou encore les groupes de coureurs sur les réseaux sociaux ne sont pas seulement des lieux de compétition ou de performance, mais des espaces où chacun peut évoluer à son propre rythme tout en étant soutenu par l'énergie collective qui les unit. Cette dynamique collective de la course crée un terreau fertile pour l'indépendance, une indépendance qui ne s'exprime pas dans l'isolement, mais dans une relation de réciprocité et de soutien mutuel.

Les événements de course, qu'ils soient des marathons, des courses solidaires ou des trails, réunissent des individus venus de tous horizons, mais avec une même passion : celle de courir. Chaque coureur participe à ces événements en portant son propre objectif, que ce soit de se dépasser, de se mesurer à soi-même, ou de simplement partager un moment de plaisir et de liberté. Cependant, derrière cette quête individuelle de performance se cache une solidarité profonde, où chacun, tout en étant seul face à son effort personnel, ressent la présence des autres coureurs. Les autres ne sont pas des adversaires à surpasser, mais des alliés, des partenaires qui partagent le même cheminement, les mêmes défis. La course devient alors un terrain d'entraide et de solidarité, où le collectif se nourrit de la diversité des parcours personnels. Chaque foulée se définit comme un partage, une communion avec les autres.

C'est cette solidarité qui renforce l'indépendance individuelle, car elle permet au coureur de s'émanciper des jugements externes tout en sachant qu'il fait partie d'un mouvement plus grand que lui.

Les clubs de running et les réseaux sociaux de coureurs participent également à cette dynamique de solidarité. Dans ces espaces, chaque coureur peut trouver son propre rythme et ses propres objectifs, tout en étant entouré d'une communauté qui le soutient, l'encourage et partage avec lui des conseils ou des expériences. L'indépendance ne signifie pas se couper du monde, mais au contraire, se nourrir de la force collective tout en restant fidèle à son propre parcours. Ces communautés, qu'elles soient physiques ou virtuelles, offrent un cadre dans lequel la liberté individuelle est respectée et valorisée. Chacun est libre de définir ses objectifs, ses limites, ses réussites, mais la richesse de l'expérience réside dans le fait de pouvoir évoluer au sein d'un groupe où l'on se soutient mutuellement, où l'on partage des moments de joie ou de difficulté, et où l'on apprend les uns des autres. La solidarité dans ces communautés de coureurs n'est pas un carcan, mais un moteur qui propulse chacun vers l'avant.

Ainsi, la course devient un moyen de s'émanciper, non seulement des contraintes extérieures, mais aussi de la pression des attentes de l'entourage. C'est un moyen de se réapproprier son corps, son esprit et son temps. Mais cet acte de réappropriation prend une forme particulière dans le cadre de la communauté des coureurs. Le coureur s'émancipe, non pas dans un isolement forcé, mais dans une solidarité choisie, fondée sur le respect de l'individualité de chacun et l'engagement envers un objectif commun : celui de courir, de se dépasser, de s'améliorer. Dans cette dynamique, il n'y a pas de place pour la compétition destructive, mais pour un soutien mutuel et un encouragement réciproque. Chacun trouve sa place dans cette communauté, où l'indépendance personnelle n'est jamais opposée à l'esprit collectif, mais au contraire, est nourrie par celui-ci.

La coexistence de l'indépendance et de la solidarité dans la course crée un environnement propice à l'enrichissement personnel. Cet espace permet à chaque individu de se réaliser pleinement tout en s'inscrivant dans un mouvement commun. Il offre une chance de vivre une expérience de liberté partagée, où l'émancipation personnelle et la solidarité collective ne sont pas opposées, mais se nourrissent l'une de l'autre. C'est cette liberté partagée, cette indépendance dans la communauté, qui donne à la course toute sa richesse et sa profondeur. Une liberté qui ne s'exprime pas dans l'isolement, mais dans la capacité à s'épanouir au sein d'une communauté qui respecte les individualités tout en offrant un soutien et une énergie collective. Cette dynamique crée un espace dans lequel chaque coureur peut trouver sa propre voie, tout en étant porté par la force des autres, créant ainsi une forme d'émancipation véritablement collective, mais profondément personnelle à la fois.

La course à pied devient ainsi une métaphore parfaite de ce que pourrait être la société idéale : un lieu où l'indépendance de chacun est respectée, mais où la solidarité et l'entraide sont les moteurs d'un mouvement commun. Dans cet espace, chaque coureur peut non seulement trouver sa liberté intérieure, mais aussi se nourrir de l'énergie de la communauté, contribuant à la fois à son propre épanouissement et à celui des autres. C'est cette coexistence parfaite de l'indépendance et de la solidarité qui fait de la course un acte profondément humain et universel.

L'indépendance dans chaque foulée.

En fin de compte, la course à pied incarne l'essence même de l'indépendance retrouvée. Chaque pas que l'on fait sur le sol est une libération, une occasion de se détacher des chaînes invisibles qui nous lient au monde extérieur. La course nous invite à un voyage intérieur intense, où l'on apprend à s'affranchir des attentes imposées et des jugements externes, pour se redéfinir à chaque foulée. Que ce soit pour fuir les pressions de la société, se réapproprier son corps, se dépasser mentalement, ou trouver l'équilibre subtil entre solitude et appartenance à une communauté, la course devient un vecteur d'indépendance totale. Dans cette quête de liberté, chaque coureur devient un explorateur de soi-même, un artisan de son propre destin, forgeant un chemin personnel à travers les défis du parcours, tout en restant fidèle à son essence.

La course nous montre que la véritable liberté ne réside pas seulement dans l'évasion ou dans le rejet des contraintes, mais dans la capacité à choisir notre propre chemin. Elle nous apprend à reprendre le contrôle sur notre vie, à donner un sens profond à notre existence, et à nous dépasser tout en restant profondément nous-mêmes. En endossant notre propre rythme, en choisissant nos parcours, en répondant à nos propres objectifs et en confrontant nos limites, nous renouons avec la puissance intérieure qui nous permet de tracer notre propre voie, d'affirmer notre identité et de retrouver une indépendance véritable. La course devient ainsi synonyme du parcours de vie : une aventure où l'on prend les rênes de notre destin et où l'on apprend à avancer selon notre propre tempo, sans se laisser définir par le regard extérieur.

Dans chaque foulée, l'indépendance se construit, se renforce, et se précise. La simple action de courir devient un acte de résistance, mais aussi un acte de création. Créer sa propre trajectoire, choisir ses objectifs, repousser ses limites, tout cela participe à l'émancipation de l'individu. La course devient ainsi non seulement un moyen de mouvement, mais aussi un mouvement vers la liberté, une quête constante de dépassement de soi. C'est dans l'effort, dans la souffrance parfois, et dans les moments d'extase, que se forge cette indépendance. On apprend à écouter son corps, à comprendre ses besoins et ses limites, mais aussi à ignorer les distractions, à se concentrer sur l'essentiel : le chemin qui est le nôtre, la direction que nous décidons de prendre.

La course à pied nous offre cette liberté en nous enseignant l'art de la persévérance. Elle nous montre que l'indépendance n'est pas une notion abstraite, mais un processus concret et quotidien. Elle n'est pas donnée d'un coup, mais construite pas à pas, dans l'effort continu, dans la répétition de chaque entraînement, dans l'engagement envers soi-même. À chaque course, on se rapproche un peu plus de la version de soi que l'on souhaite devenir. La course devient alors le lieu d'une réconciliation intérieure, d'une alliance entre le corps, l'esprit et l'âme, un espace où l'on peut vraiment se retrouver, se réinventer et se réaliser. Et tout cela se fait dans le respect de sa propre individualité, sans comparaison avec les autres, sans pression extérieure. C'est dans cette dynamique que l'indépendance s'épanouit, à la fois personnelle et pleinement vivante, car elle s'enracine dans un acte fondamentalement humain : celui de se tenir debout, de faire face aux obstacles, de se relever après chaque chute, et de continuer à avancer, librement, sur notre propre chemin.

La course à pied est ainsi une véritable école de liberté. Elle nous apprend que l'indépendance ne consiste pas à être à l'écart du monde, mais à être pleinement maître de notre propre parcours, tout en restant connecté aux autres et à notre environnement. Elle nous montre que la liberté véritable réside dans l'acceptation de nos choix, la responsabilité de nos actes, et l'engagement envers notre propre croissance. Chaque course est une nouvelle étape dans cette aventure, un chemin vers l'émancipation, une manière de se redéfinir, de réapproprier son corps et son esprit.

En fin de compte, la course devient un élan perpétuel, une force qui nous porte vers l'émancipations à chaque foulée, une révolte silencieuse mais intense, ainsi qu'un acte de création et de métamorphose. Dans cette quête d'autonomie, les pas nous ancrent une peu plus dans notre essence profonde, nous laissant la possibilité d'exister sans entrave, sans limite, porté par une énergie sans fin.

12.

La course comme mode de vie.

Et si courir devenait une manière de vivre ? Bien au-delà de l'entraînement et de l'épreuve physique, courir s'intègre progressivement dans notre quotidien, jusqu'à devenir une véritable philosophie de vie. La course se transforme en un mode de vie durable, une quête intemporelle. Courir pour l'éternité, c'est laisser une empreinte indélébile dans le temps, où chaque foulée devient un acte d'immortalité, un hommage à la résilience et à la liberté intérieure.

La longévité du coureur.

La longévité du coureur est un sujet fascinant qui explore non seulement les bienfaits physiques de la course, mais aussi son impact sur la santé mentale et le bien-être général. De nombreux coureurs constatent que leur passion pour la course leur permet de mener une vie plus riche et plus active, quel que soit leur âge. Certaines recherches soutiennent l'idée que courir régulièrement peut contribuer à une vie plus longue et plus saine, en mettant en lumière les aspects qui favorisent cette longévité De nombreuses études montrent que les coureurs réguliers bénéficient d'une espérance de vie supérieure à celle des non-coureurs. En effet, une recherche publiée dans le Journal of *the American College of Cardiology* a révélé que même une petite quantité de course, comme une ou deux heures par semaine, peut réduire considérablement le risque de mortalité prématurée. Les coureurs ont tendance à avoir une meilleure santé cardiovasculaire, une pression artérielle plus basse et un taux de cholestérol amélioré. Cela est en grande partie dû à l'impact positif de la course sur le système cardiovasculaire, qui renforce le cœur et améliore la circulation sanguine.

Un autre aspect intéressant de la longévité du coureur est lié à l'effet que la course a sur le métabolisme. La course aide à maintenir un poids santé en brûlant des calories et en augmentant le métabolisme de base. De plus, elle favorise le développement de la masse musculaire et réduit le risque d'obésité. L'obésité est un facteur de risque majeur pour de nombreuses maladies chroniques, telles que le diabète de type 2, les maladies cardiaques et certains cancers. En maintenant un poids corporel adéquat grâce à la course, les coureurs peuvent réduire leur vulnérabilité à ces maladies. La longévité du coureur ne repose pas uniquement sur les bienfaits physiques de l'exercice. La santé mentale joue également un rôle crucial. La course est connue pour ses effets antidépresseurs et anxiolytiques. Elle stimule la libération d'endorphines, souvent appelées « hormones du bonheur », qui procurent une sensation de bien-être et de plaisir. De plus, la pratique régulière de la course aide à combattre le stress et l'anxiété, favorisant ainsi un équilibre émotionnel stable. Les coureurs peuvent souvent témoigner d'une clarté mentale accrue et d'une meilleure gestion du stress, ce qui contribue à une qualité de vie supérieure.

Il est également important de considérer comment la course favorise les interactions. Participer à des courses, rejoindre des clubs de coureurs ou simplement s'entraîner avec des amis permet de tisser des liens sociaux solides. Ces interactions sont essentielles pour maintenir un bon état d'esprit et une santé mentale positive, en particulier à mesure que les gens vieillissent. La solitude peut être un problème croissant chez les personnes âgées, mais les coureurs, en intégrant la communauté de la course, trouvent souvent un soutien qui peut aider à combattre l'isolement.

La course a aussi un effet positif sur la cognition. Des études montrent que l'exercice aérobique régulier peut aider à améliorer les fonctions cognitives et à retarder le déclin lié à l'âge. Des recherches ont révélé que les coureurs plus âgés maintiennent une meilleure mémoire, une attention plus soutenue et une capacité de concentration plus développée. Cela suggère que la pratique de la course pourrait jouer un rôle dans la prévention de maladies neurodégénératives comme la maladie d'Alzheimer.

La clé de la longévité du coureur réside dans l'adaptation de la pratique au fil des années. À mesure que les coureurs vieillissent, il est essentiel d'écouter leur corps et d'ajuster leurs entraînements pour prévenir les blessures. Les coureurs plus âgés doivent prêter attention à leur récupération, incorporer des exercices de renforcement musculaire et des séances d'étirement, et éviter les entraînements excessifs. Cela leur permet de continuer à profiter de la course tout en minimisant les risques.

La longévité du coureur n'est pas seulement déterminée par le fait de courir, mais aussi par la manière dont cette activité physique est intégrée dans le mode de vie. Les coureurs qui adoptent une approche holistique, en combinant la course avec une alimentation équilibrée, une hydratation adéquate et un sommeil réparateur, bénéficient des avantages maximaux de leur pratique. Une nutrition appropriée contribue non seulement à l'énergie nécessaire pour courir, mais aussi à la récupération et à la réparation des tissus, essentiels pour maintenir une routine de course durable.

La motivation et l'état d'esprit des coureurs sont aussi des facteurs déterminants dans leur longévité. Ceux qui abordent la course comme un plaisir plutôt que comme une corvée sont souvent plus enclins à persévérer et à maintenir leur pratique sur le long terme. Cultiver une mentalité positive, fixer des objectifs réalistes et se célébrer les progrès, qu'ils soient grands ou petits, peut renforcer cette passion et favoriser la longévité dans la course.

Pour conclure, la longévité du coureur est le fruit d'une combinaison de facteurs physiques, mentaux et sociaux. Les coureurs bénéficient d'une meilleure santé cardiovasculaire, d'une gestion du poids efficace, d'une amélioration de la santé mentale et d'une cognition accrue. En adaptant leur pratique au fil du temps et en intégrant un mode de vie sain, les coureurs peuvent non seulement prolonger leur vie, mais aussi enrichir leur expérience de vie. La course, lorsqu'elle est abordée de manière équilibrée et positive devient une véritable voie vers une vie épanouissante et durable.

L'évolution de la pratique avec l'âge.

À mesure que les coureurs progressent dans leur parcours de vie, leur approche de la course évolue inévitablement. Les jeunes coureurs entrent souvent dans le monde de la course avec une énergie débordante, désireux de repousser leurs limites et de réaliser des performances impressionnantes.

Cependant, avec l'âge, les priorités et les capacités physiques changent, entraînant une évolution naturelle de la pratique. Cette transformation est influencée par divers facteurs, notamment les changements physiologiques, les priorités de vie, les blessures, et la recherche d'une expérience plus équilibrée et durable.

Ces changements qui accompagnent le vieillissement sont souvent la première chose à laquelle les coureurs doivent faire face. À partir de la trentaine, les coureurs peuvent commencer à ressentir une diminution de leur force musculaire, de leur flexibilité et de leur endurance. Le métabolisme ralentit, rendant plus difficile le maintien du même niveau de performance qu'auparavant. Il devient alors crucial d'adapter son entraînement pour éviter les blessures tout en continuant à profiter de la course.

Cela peut impliquer une réduction de l'intensité ou de la fréquence des séances d'entraînement, ainsi que l'intégration d'exercices de renforcement musculaire et d'étirement pour compenser la perte de masse musculaire et de flexibilité.

Au fur et à mesure que les coureurs vieillissent, il est courant qu'ils changent leurs objectifs de performance. Alors que certains peuvent se concentrer sur la réalisation de temps rapides dans des courses, d'autres peuvent se tourner vers des objectifs plus personnels, tels que le plaisir de courir, le bien-être général ou le partage de cette activité avec des amis et la famille. Cette transition vers des objectifs plus personnels peut également se traduire par une approche moins compétitive et plus communautaire de la course. Les coureurs peuvent commencer à privilégier les courses locales, les événements caritatifs ou les sorties en groupe, valorisant ainsi les liens sociaux et le soutien mutuel.

Les blessures constituent un autre aspect crucial de l'évolution de la pratique de la course avec l'âge. Les coureurs plus âgés sont plus susceptibles de souffrir de blessures dues à l'usure, telles que les douleurs articulaires, les tendinites et les fractures de stress.

En réponse à ces défis, il est essentiel d'adopter une approche proactive pour la prévention des blessures. Cela inclut l'écoute de son corps, la prise en compte des signaux de douleur et la consultation de professionnels de santé si nécessaire. De plus, intégrer des jours de repos adéquats dans le programme d'entraînement et opter pour des activités complémentaires comme le yoga ou la natation peuvent contribuer à maintenir la condition physique sans surcharger le corps.

Un autre aspect de l'évolution de la pratique de la course avec l'âge est la capacité à apprécier le voyage plutôt que de se concentrer uniquement sur la destination. Les coureurs âgés peuvent développer une appréciation plus profonde des paysages, de l'environnement et du moment présent pendant leurs sorties. Au lieu de se précipiter vers des objectifs de temps ou de distance, ils peuvent s'accorder la permission de ralentir, de savourer chaque foulée et de profiter de la beauté de la nature qui les entoure. Cette nouvelle perspective peut transformer la course en une expérience méditative, favorisant le bien-être mental et émotionnel.

En outre, les coureurs plus âgés peuvent également commencer à intégrer des éléments de formation croisée dans leur routine. La course n'est plus la seule activité physique pratiquée, mais elle est complétée par d'autres formes d'exercice qui favorisent la force, la souplesse et l'équilibre. Des activités comme le vélo, la natation ou même la danse peuvent contribuer à un entraînement plus équilibré et à une meilleure santé globale. Cette diversification non seulement réduit le risque de blessures, mais peut également rendre l'exercice plus agréable en ajoutant de la variété à la routine.

Les coureurs qui s'engagent dans cette évolution de la pratique avec l'âge trouvent souvent une nouvelle motivation dans le partage de leur passion avec les générations suivantes. Ils peuvent devenir des mentors pour les jeunes coureurs, enseignant des leçons précieuses sur la persévérance, l'écoute de soi et l'importance d'une approche équilibrée de la course. Participer à des courses intergénérationnelles ou organiser des événements familiaux autour de la course renforce les liens et permet aux coureurs de transmettre leur amour pour cette activité à leurs enfants et petits-enfants.

La technologie joue également un rôle significatif dans l'évolution de la pratique de la course. Les avancées dans les équipements, les montres de course, les applications de suivi et les communautés en ligne ont facilité l'accès à des informations et des ressources utiles pour les coureurs de tous âges. Ces outils peuvent aider les coureurs à suivre leurs performances, à planifier leurs entraînements et à se connecter avec d'autres passionnés. Pour les coureurs plus âgés, la technologie peut également servir d'outil motivant, permettant de fixer des objectifs et de suivre les progrès d'une manière engageante.

Enfin, l'évolution de la pratique de la course avec l'âge soulève également des questions sur l'importance de la communauté. Les coureurs peuvent ressentir un besoin croissant de se connecter avec d'autres coureurs partageant les mêmes idées, surtout lorsqu'ils font face à des défis liés à l'âge. Rejoindre des clubs de course ou participer à des événements communautaires offre une occasion de rencontrer des personnes aux parcours similaires, de partager des conseils et de s'encourager mutuellement. Ces interactions renforcent non seulement la motivation, mais favorisent également un sentiment d'appartenance et de camaraderie.

En conclusion, l'évolution de la pratique de la course avec l'âge est un processus riche et dynamique, façonné par des changements physiques, des priorités de vie et une compréhension accrue des bienfaits de la course. Les coureurs peuvent trouver une nouvelle appréciation pour cette activité, passant d'une quête de performance à une approche plus holistique axée sur le plaisir, le bien-être et la connexion avec les autres. En adaptant leur pratique et en intégrant des éléments variés, les coureurs peuvent continuer à savourer les plaisirs de la course tout au long de leur vie, transformant ainsi leur parcours en une aventure enrichissante et durable.

Transmettre la passion aux générations futures.

Transmettre la passion de la course aux générations futures est une entreprise enrichissante qui dépasse le simple partage d'une activité physique. Cela implique de cultiver un amour pour la course qui s'enracine profondément dans la culture familiale et communautaire. En partageant cette passion, les coureurs peuvent inspirer les enfants et les adolescents à adopter un mode de vie actif, tout en leur transmettant des valeurs essentielles telles que la persévérance, la discipline et l'esprit de camaraderie.

La première étape pour transmettre cette passion consiste à intégrer la course dans la vie quotidienne. Les parents et les mentors peuvent commencer par créer des traditions familiales autour de la course, que ce soit en organisant des sorties régulières ou en participant ensemble à des événements locaux. Par exemple, participer à une course caritative ou à une course de quartier peut devenir une activité familiale appréciée, renforçant les liens tout en promouvant une culture de la course. De telles expériences partagées créent des souvenirs durables et encouragent les jeunes à associer la course à des moments de joie et de connexion.

Il est également essentiel d'adapter l'approche de la course en fonction de l'âge des enfants. Pour les plus jeunes, l'accent peut être mis sur le jeu et le plaisir plutôt que sur la performance. Des activités ludiques comme des courses en relais, des jeux de poursuite ou des courses d'obstacles peuvent être d'excellents moyens d'introduire les enfants à la course sans pression. En instaurant un climat de convivialité et d'amusement, les jeunes apprennent à apprécier l'activité physique pour ce qu'elle est, plutôt que de la percevoir comme une obligation.

Au fur et à mesure que les enfants grandissent, les adultes peuvent les initier à des pratiques plus structurées, tout en veillant à préserver cet aspect ludique. Les clubs de course pour jeunes sont une excellente option, car ils offrent un environnement d'apprentissage positif, où les jeunes peuvent développer leurs compétences tout en se liant d'amitié avec d'autres coureurs de leur âge. L'encouragement à participer à des compétitions amicales peut également contribuer à renforcer la confiance en soi et l'esprit d'équipe, des éléments essentiels dans la pratique de la course.

Un autre aspect crucial de la transmission de la passion est le partage des histoires et des expériences personnelles liées à la course. Les coureurs chevronnés peuvent partager leurs récits de défis surmontés, de courses mémorables et des leçons apprises tout au long de leur parcours. Ces histoires peuvent captiver les jeunes et les motiver à poursuivre leurs propres objectifs. En parlant des échecs et des succès, les adultes montrent que la course n'est pas seulement une question de victoires, mais aussi de persévérance face à l'adversité. La création d'une culture de l'encouragement est essentielle dans ce processus. Les jeunes doivent se sentir soutenus dans leur démarche, qu'ils réussissent ou rencontrent des obstacles. Célébrer les petites victoires, qu'il s'agisse de terminer une course ou d'améliorer son temps, est tout aussi important que de reconnaître les grandes réalisations. Un simple mot d'encouragement ou une accolade après une course peut faire une grande différence dans la motivation d'un jeune coureur.

L'éducation sur les bienfaits de la course pour la santé physique et mentale joue également un rôle fondamental dans la transmission de cette passion. Les parents et les entraîneurs peuvent aborder les thèmes de la santé cardiovasculaire, de la gestion du stress et de l'amélioration de l'humeur grâce à la course. En expliquant comment l'exercice physique contribue au bien-être général, les jeunes peuvent comprendre l'importance de l'activité physique dans leur vie quotidienne, au-delà de l'aspect sportif.

Les technologies modernes offrent également des opportunités inédites pour transmettre cette passion. Les applications de suivi de la course, les montres connectées et les plateformes permettent aux jeunes de suivre leurs progrès et de partager leurs réussites avec leurs amis et leur famille. En intégrant ces outils dans leur pratique, les jeunes coureurs peuvent se sentir plus engagés et motivés à poursuivre leurs objectifs. De plus, la création de groupes en ligne peut favoriser un sentiment d'appartenance à une communauté, même en dehors des courses.

Il est essentiel de souligner l'importance des mentors dans la transmission de la passion pour la course. Les coureurs expérimentés peuvent jouer un rôle clé en guidant les jeunes, en leur fournissant des conseils et en les aidant à naviguer dans les défis de la course. Que ce soit un parent, un entraîneur ou un ami, le mentorat peut apporter un soutien précieux, et aider les jeunes à surmonter les doutes et à renforcer leur confiance en eux.

De plus, l'impact de la course sur le développement de compétences de vie ne doit pas être sous-estimé. La course enseigne la discipline, la gestion du temps, l'importance de fixer des objectifs et de travailler dur pour les atteindre. Ces compétences sont transférables à d'autres aspects de la vie, qu'il s'agisse de la réussite scolaire ou professionnelle. En encourageant les jeunes à établir des objectifs de course, les adultes les aident à développer une mentalité axée sur la croissance, essentielle pour relever les défis futurs.

La course peut également servir de moyen de connexion intergénérationnelle. Organiser des événements qui mêle tous les âges peut créer des opportunités de partage d'expériences et de traditions. Cela renforce les liens entre les générations et montre aux jeunes l'importance de la course dans la vie des anciens. Ces interactions peuvent inspirer les jeunes à poursuivre la tradition de la course tout en tissant des relations précieuses avec les aînés.

Il est également important de prendre en compte la diversité des expériences de course. La passion pour la course peut se manifester de différentes manières et peut inclure des pratiques telles que la course sur sentier, le trail running ou même des événements communautaires comme les courses à obstacles. En exposant les jeunes à diverses formes de course, les adultes leur permettent de découvrir ce qui leur plaît vraiment, les incitant à s'engager passionnément dans cette activité.

Enfin, la transmission de la passion pour la course aux générations futures ne se limite pas seulement à l'aspect physique. Il s'agit également d'inculquer une culture de la bienveillance, du respect et de l'inclusion. Les jeunes doivent apprendre à apprécier la course non seulement pour la compétition, mais aussi pour la communauté qu'elle crée. Encourager une atmosphère positive où chacun, quel que soit son niveau de compétence, se sent valorisé, peut contribuer à forger une génération de coureurs passionnés et engagés.

En conclusion, transmettre la passion de la course aux générations futures est une démarche qui englobe bien plus que la simple participation à une activité physique. Cela nécessite une approche réfléchie, intégrant des éléments de plaisir, de partage, de soutien et d'éducation. En créant un environnement où les jeunes peuvent explorer et apprécier la course, les adultes ont le pouvoir de façonner une culture de l'activité physique qui perdurera à travers les âges. La course devient ainsi non seulement un moyen de rester actif, mais également un héritage familial et communautaire qui inspire et unit les générations.

L'impact de la technologie sur la course.

L'impact de la technologie sur la course est immense et se manifeste à plusieurs niveaux, transformant la façon dont les coureurs s'entraînent, suivent leurs performances et interagissent avec la communauté de la course. À l'ère numérique, les innovations technologiques ont non seulement facilité l'accès à l'information, mais ont également révolutionné l'expérience des coureurs, quel que soit leur niveau.

Des montres connectées aux applications de suivi, en passant par les plateformes en ligne et les équipements avancés, la technologie a permis aux coureurs de s'engager dans leur passion d'une manière plus significative et efficace.

L'une des avancées les plus visibles dans le monde de la course est l'émergence des montres et des dispositifs de suivi de fitness. Ces appareils permettent aux coureurs de mesurer divers paramètres de performance, notamment la distance parcourue, le rythme, la fréquence cardiaque et même les calories brûlées. Grâce à ces données, les coureurs peuvent mieux comprendre leur corps et ajuster leurs entraînements en conséquence. Par exemple, un coureur peut identifier des tendances dans son rythme cardiaque pour s'assurer qu'il s'entraîne dans la bonne zone d'intensité, optimisant ainsi ses séances. La possibilité de visualiser ses progrès au fil du temps renforce la motivation et aide à établir des objectifs clairs et atteignables.

Les applications de course jouent également un rôle essentiel dans l'intégration de la technologie dans la pratique de la course. Certaines applications offrent des fonctionnalités variées qui permettent aux utilisateurs de suivre leurs courses, de se fixer des défis et de se connecter avec d'autres coureurs. Ces plateformes créent une communauté virtuelle, permettant aux coureurs de partager leurs expériences, de participer à des défis et de se motiver mutuellement. Les fonctions de comparaison de performances, de tableaux de classement et de statistiques en temps réel encouragent également une culture de compétition amicale qui peut renforcer l'engagement des coureurs.

Une autre avancée technologique importante est l'usage de capteurs et d'analyses de mouvement pour améliorer la technique de course. Des entreprises développent des appareils portables qui analysent la foulée, l'impact au sol et même la posture des coureurs.

Ces informations précieuses peuvent aider à prévenir les blessures en identifiant les défauts de technique qui pourraient conduire à des problèmes à long terme. En optimisant la mécanique de course, les coureurs peuvent non seulement améliorer leur performance, mais aussi prolonger leur carrière en évitant des blessures potentielles.

La technologie a également influencé l'équipement de course lui-même. Les chaussures de course modernes intègrent des matériaux avancés et des conceptions ergonomiques qui offrent un meilleur amorti et un soutien accru. Des marques innovantes investissent dans la recherche et le développement pour créer des chaussures légères et réactives, permettant aux coureurs de se concentrer sur leur performance sans être alourdis par un équipement inefficace. Les progrès réalisés dans les textiles techniques, tels que les vêtements qui régulent la température et évacuent l'humidité, contribuent également au confort des coureurs, leur permettant de se concentrer pleinement sur leur course.

Les réseaux sociaux ont également joué un rôle crucial dans la transformation de l'expérience des coureurs. Des plateformes comme Instagram et Facebook permettent aux coureurs de partager leurs réussites, de suivre des influenceurs du monde de la course et de découvrir de nouvelles tendances. Les défis de course, les événements virtuels et les courses caritatives organisées sur ces plateformes offrent aux coureurs la possibilité de s'engager avec une communauté plus large, de se motiver mutuellement et de se rassembler autour d'une passion commune. Cette connectivité renforce l'expérience de la course et permet aux individus de trouver un soutien au-delà de leur cercle immédiat.

Un aspect fascinant de l'impact de la technologie sur la course est l'avènement des courses virtuelles. Ces événements permettent aux coureurs de participer à des compétitions sans se rendre physiquement sur un lieu. Les coureurs peuvent s'inscrire à une course virtuelle, choisir leur propre parcours et enregistrer leurs temps à l'aide de leur montre ou de leur application de course. Cette flexibilité permet à un plus grand nombre de personnes de participer à des événements de course, indépendamment de leur emplacement géographique. Cela ouvre la porte à une nouvelle dynamique dans le monde de la course, où l'inclusivité et l'accessibilité deviennent des priorités.

Les avancées dans le domaine de la santé connectée ont également transformé la façon dont les coureurs gèrent leur bien-être. Des dispositifs tels que les bracelets de suivi de l'activité et les capteurs de fréquence cardiaque fournissent des données précieuses sur la santé globale des coureurs. Ces informations aident à surveiller des paramètres tels que le sommeil, la récupération et le stress, ce qui permet aux coureurs de mieux gérer leur entraînement et leur santé. Une approche plus holistique de la course, qui prend en compte non seulement la performance physique, mais aussi le bien-être mental et émotionnel, est en train de s'imposer grâce à ces technologies.

Il est important de mentionner que, malgré tous les avantages que la technologie apporte à la course, elle peut également présenter des inconvénients. La surabondance d'informations et de données peut parfois être écrasante, et les coureurs peuvent se sentir accablés par la pression de suivre constamment leurs performances. De plus, la dépendance à la technologie peut entraîner une déconnexion avec l'expérience de la course elle-même. Les coureurs doivent trouver un équilibre entre l'utilisation des outils technologiques et la capacité à se concentrer sur le plaisir de courir, sans être constamment préoccupés par les chiffres et les données.

La technologie évolue constamment, et l'avenir de la course sera probablement marqué par des innovations encore plus impressionnantes. Des recherches sont en cours sur des dispositifs de suivi encore plus avancés, capables de fournir des analyses en temps réel et des conseils personnalisés basés sur des algorithmes d'intelligence artificielle. Ces technologies pourraient révolutionner la façon dont les coureurs s'entraînent et se préparent pour les courses, rendant l'expérience plus personnalisée et efficace.

Les avancées technologiques dans le domaine de la nutrition sportive jouent également un rôle dans l'évolution de la pratique de la course. Des applications et des dispositifs peuvent aider les coureurs à surveiller leur alimentation, à planifier des repas adaptés à leurs objectifs et à suivre leur hydratation. L'intégration de la technologie dans la nutrition permet aux coureurs de maximiser leur performance en s'assurant qu'ils fournissent à leur corps les nutriments nécessaires pour s'entraîner et récupérer efficacement.

L'impact de la technologie sur la course ne se limite pas seulement aux coureurs individuels, mais touche également les organisateurs d'événements. Les technologies de chronométrage avancées, les plateformes d'inscription en ligne et les applications de gestion d'événements améliorent l'expérience pour les participants et facilitent la logistique pour les organisateurs. Cela permet une gestion plus efficace des courses, garantissant que les événements se déroulent sans accroc et offrant aux coureurs une expérience mémorable.

Enfin, l'impact de la technologie sur la course soulève des questions éthiques et sociétales. La commodité des dispositifs connectés et des applications soulève des préoccupations concernant la vie privée et la sécurité des données personnelles. Les coureurs doivent être conscients des implications de l'utilisation de la technologie et veiller à protéger leurs informations. En outre, l'accès inégal à la technologie peut créer une fracture dans le monde de la course, où certaines personnes ont les moyens d'utiliser des dispositifs avancés, tandis que d'autres n'ont pas cette opportunité.

En conclusion, l'impact de la technologie sur la course est vaste et complexe. Elle a transformé la manière dont les coureurs s'entraînent, suivent leurs performances et interagissent avec la communauté. Les avancées dans les dispositifs de suivi, les applications, l'équipement et la connectivité ont enrichi l'expérience des coureurs, rendant la course plus accessible et engageante que jamais. Cependant, il est essentiel de trouver un équilibre entre l'utilisation de la technologie et l'appréciation de l'expérience de la course elle-même. À mesure que la technologie continue d'évoluer, il sera passionnant de voir comment elle façonnera l'avenir de la course et la façon dont les coureurs s'engageront avec cette passion au fil des ans.

Les différents styles de course à travers le monde.

La course est une activité universelle qui transcende les frontières culturelles et géographiques. Elle se décline sous de multiples formes, chacune ayant ses spécificités, ses traditions et ses pratiquants. Dans de nombreuses cultures, la course est non seulement un sport, mais également une expression identitaire, un moyen de célébration ou un rituel ancestral. Cet éventail de styles de course reflète la diversité des modes de vie et des valeurs humaines à travers le monde.

L'un des styles de course les plus connus est la course sur route, qui attire des millions de participants chaque année à travers le monde. Les marathons, qui couvrent une distance de 42,195 kilomètres, sont des événements emblématiques qui rassemblent des coureurs amateurs et professionnels. Des villes comme Boston, New York, Berlin et Tokyo accueillent des marathons réputés qui sont souvent perçus comme des défis personnels, où les coureurs s'efforcent de battre leurs records ou simplement de terminer la course. Ce style de course est souvent caractérisé par des événements bien organisés, des ravitaillements réguliers et une ambiance festive, attirant des spectateurs de tous âges.

À l'opposé de la course sur route, la course en montagne, ou trail running, a gagné en popularité ces dernières années. Ce style de course se déroule sur des sentiers naturels, souvent dans des environnements montagneux et sauvages. Les coureurs sont confrontés à des terrains variés, incluant des sentiers escarpés, des boueux, des rochers et des racines, ce qui requiert une technique spécifique et une endurance accrue. Les compétitions de trail, telles que l'Ultra-Trail du Mont-Blanc en France ou la Western States Endurance Run aux États-Unis, attirent des coureurs du monde entier qui cherchent à tester leurs limites physiques et mentales. La course en montagne est également souvent liée à une connexion profonde avec la nature, offrant aux participants une expérience immersive dans des paysages à couper le souffle.

La course sur piste, quant à elle, est un style qui se concentre sur la vitesse et l'athlétisme. Les compétitions sur piste comprennent des courses de sprint, des courses de demi-fond et de fond, ainsi que des épreuves d'athlétisme combinées. Les athlètes s'entraînent intensément pour améliorer leur vitesse, leur technique de course et leur explosivité. Les Jeux Olympiques et les Championnats du monde d'athlétisme sont des événements clés qui mettent en lumière les meilleurs coureurs du monde, souvent soutenus par une infrastructure de haut niveau et des entraîneurs spécialisés. La compétition sur piste favorise un environnement où l'athlète est constamment poussé à se dépasser, à améliorer ses performances et à rivaliser contre les meilleurs.

Un style moins connu, mais tout aussi fascinant, est la course traditionnelle, qui existe sous de nombreuses formes à travers le monde. Dans des pays comme le Japon, la course de relais, ou "ekiden", est une tradition populaire qui implique des équipes qui se passent un témoin tout au long d'un parcours. Les marathons de relais attirent des milliers de participants et sont souvent associés à des valeurs telles que l'esprit d'équipe et la camaraderie. Ces courses traditionnelles, qui sont souvent ancrées dans l'histoire et la culture locale, témoignent de l'importance de la course en tant que pratique sociale et communautaire.

En Amérique latine, le style de course "ultra-running" a gagné en popularité, avec des épreuves qui dépassent souvent les 100 kilomètres. Ces courses sont généralement organisées dans des environnements montagneux ou désertiques, présentant des défis extrêmes pour les coureurs. L'ultra-trail, en particulier, est devenu un phénomène mondial, attirant des participants qui cherchent à repousser leurs limites. Des événements comme le Marathon des Sables, qui traverse le désert du Sahara, offrent une expérience unique, combinant endurance physique et résistance mentale. Ces courses sont souvent des aventures épiques qui testent non seulement la capacité des coureurs à parcourir de longues distances, mais aussi leur capacité à s'adapter à des conditions environnementales difficiles.

En Asie, des styles de course traditionnels continuent de prospérer. Par exemple, le "sanda" en Chine est une forme de course qui inclut des éléments de combat et de défense personnelle. Les coureurs pratiquent ce style pour développer leur agilité, leur rapidité et leur concentration. De même, le "kshatriya" en Inde est une course traditionnelle qui est souvent associée à des rituels et des festivals. Ces courses sont non seulement un moyen de compétition, mais aussi un moyen de célébrer la culture et les valeurs communautaires.

L'impact de la technologie sur la course a également influencé divers styles à travers le monde. Les dispositifs de suivi GPS, les applications de course et les plateformes ont permis aux coureurs de se connecter à des communautés globales, d'échanger des conseils et de partager leurs expériences. Les courses virtuelles, par exemple, permettent aux coureurs de participer à des événements depuis n'importe quel endroit, élargissant ainsi l'accès à la compétition.

Ce phénomène a également permis à des coureurs de pays éloignés de se mesurer les uns aux autres, renforçant ainsi un sentiment d'appartenance à une communauté mondiale.

Un autre aspect intéressant de l'évolution des styles de course est l'essor du "running tourism". Ce concept incite les coureurs à voyager pour participer à des événements de course dans des destinations exotiques ou culturellement significatives. Des marathons dans des villes emblématiques comme Paris, Rome ou Sydney attirent des coureurs du monde entier, offrant une expérience de course unique tout en découvrant de nouvelles cultures. Cette tendance a des implications économiques positives pour les villes hôtes, tout en favorisant le partage de l'amour de la course à l'échelle internationale.

De plus, des événements de course axés sur la durabilité et la sensibilisation environnementale commencent à émerger. Ces courses encouragent les participants à prendre conscience de l'impact de leurs activités sur la planète et à adopter des pratiques respectueuses de l'environnement. Par exemple, des courses comme le "EcoTrail" en France intègrent des initiatives de conservation et de sensibilisation environnementale, offrant aux coureurs l'occasion de s'engager pour des causes importantes tout en participant à leur passion.

Les différentes cultures de course à travers le monde sont également enrichies par les histoires de coureurs qui ont marqué l'histoire de ce sport. Des légendes comme Haile Gebrselassie, Usain Bolt ou Paula Radcliffe, Eliud Kipchoge qui ont repoussé les limites de la performance humaine, continuent d'inspirer des générations de coureurs. Leurs parcours, leurs luttes et leurs succès illustrent l'universalité de la course, montrant que, peu importe l'endroit où l'on se trouve dans le monde, la passion pour la course est un fil commun qui unit les gens.

Il est essentiel de reconnaître que la course peut également être un outil de changement social. Dans certaines régions, des initiatives de course communautaires ont été mises en place pour promouvoir l'inclusion, l'égalité et le bien-être. Par exemple, des programmes qui encouragent les femmes et les filles à courir dans des sociétés où l'accès à l'activité physique est limité ont un impact profond sur la manière dont ces groupes sont perçus et soutenus. La course devient alors un vecteur qui facilite la création d'opportunités d'autonomisation et de développement personnel.

En somme, les différents styles de course à travers le monde révèlent la richesse et la diversité de cette activité. Qu'il s'agisse de marathons urbains, de trails en montagne, de courses traditionnelles ou d'ultra-endurance, chaque style offre une expérience unique et enrichissante. La course, en tant que pratique culturelle et sportive, continue d'évoluer, s'adaptant aux tendances modernes tout en restant ancrée dans des traditions anciennes.

En célébrant la diversité des styles de course, nous reconnaissons non seulement l'importance de l'activité physique, mais aussi son rôle en tant que moyen d'expression et de connexion humaine à l'échelle mondiale.

La course dans les décennies à venir.

Alors que nous nous dirigeons vers un avenir incertain, la course, en tant que discipline et mode de vie, est à un tournant. Les évolutions technologiques, les changements sociétaux, les préoccupations environnementales et les transformations culturelles façonnent ce que la course pourrait devenir dans les décennies à venir. L'importance croissante de la santé et du bien-être, combinée à la recherche d'expériences enrichissantes et communautaires, ouvrent la voie à une nouvelle ère pour les coureurs du monde entier.

L'une des évolutions les plus marquantes dans le domaine de la course est l'intégration continue de la technologie. Dans les années à venir, nous pouvons nous attendre à voir des avancées significatives dans le développement de dispositifs portables, comme les montres de course et les trackers d'activité, qui vont au-delà des simples mesures de distance et de fréquence cardiaque. Des capteurs biométriques plus sophistiqués pourraient permettre aux coureurs de suivre des indicateurs physiologiques en temps réel, comme le niveau d'hydratation, le stress musculaire et même des biomarqueurs de récupération. Ces outils fourniront aux athlètes des informations précieuses pour optimiser leur entraînement et prévenir les blessures, tout en favorisant une approche plus personnalisée de la course.

Les applications de course vont également continuer à évoluer, intégrant des fonctionnalités d'intelligence artificielle pour fournir des recommandations d'entraînement sur mesure basées sur les performances antérieures, les objectifs personnels et les conditions environnementales. Imaginez un monde où une application peut non seulement suivre votre parcours, mais également analyser votre technique de course et vous donner des conseils en temps réel pour améliorer votre foulée ou ajuster votre rythme. Cette interactivité renforcera l'engagement des coureurs et leur permettra de progresser de manière plus efficace.

En parallèle, l'essor des plateformes de course virtuelles devrait connaître une expansion exponentielle. Bien que les courses en personne aient leur charme, les événements virtuels offrent une flexibilité inégalée, permettant à des coureurs de tous horizons de participer à des compétitions sans tenir compte des contraintes géographiques. Dans les décennies à venir, nous pourrions assister à une hybridation entre les courses physiques et virtuelles, avec des événements qui combinent des éléments des deux mondes. Par exemple, des marathons avec des options virtuelles où les participants peuvent courir leur distance préférée dans leur propre environnement, tout en faisant partie d'un classement mondial, pourraient devenir la norme.

Un autre aspect qui façonnera l'avenir de la course est la prise de conscience croissante des enjeux environnementaux. À mesure que le changement climatique et la dégradation de l'environnement deviennent des préoccupations mondiales, les événements de course et les coureurs individuels chercheront à réduire leur empreinte écologique. Cela pourrait se traduire par des courses « zéro déchet », où les organisateurs s'engagent à minimiser l'utilisation de plastiques et à composter les déchets. Les coureurs pourraient également être encouragés à choisir des événements qui mettent en avant la durabilité, favorisant ainsi une conscience environnementale parmi la communauté des coureurs.

De plus, les parcours pourraient être soigneusement sélectionnés pour protéger la biodiversité locale et promouvoir l'accès aux espaces naturels. La diversité et l'inclusivité joueront également un rôle clé dans l'avenir de la course. Alors que les mouvements sociaux en faveur de l'égalité continuent de gagner en importance, les événements de course chercheront à devenir plus accessibles à tous, indépendamment de l'âge, du sexe, de l'origine ethnique ou de la condition physique. Des programmes spécifiques pourraient être mis en place pour encourager la participation des groupes sous-représentés, notamment des initiatives visant à promouvoir la course parmi les femmes, les jeunes et les personnes en situation de handicap. Les courses familiales, les courses pour enfants et les événements adaptés deviendront de plus en plus courants, créant un espace inclusif où chacun peut trouver sa place.

En outre, la santé mentale et le bien-être émotionnel deviendront des éléments centraux de la pratique de la course. Alors que de plus en plus de personnes reconnaissent l'impact positif de l'exercice sur la santé mentale, les courses communautaires pourraient intégrer des programmes de soutien psychologique, des séances de méditation et des ressources pour aider les coureurs à gérer le stress et l'anxiété. Les événements pourraient également offrir des espaces pour favoriser le bien-être mental, où les participants peuvent partager leurs expériences, se soutenir mutuellement et renforcer les liens sociaux. La course, qui est déjà reconnue comme un moyen de réduire le stress, pourrait devenir un véritable pilier de la santé mentale dans les communautés.

La course pourrait également jouer un rôle dans la promotion de modes de vie sains au sein des écoles et des organisations. Les programmes d'éducation physique pourraient intégrer des initiatives axées sur la course, encourageant les jeunes à adopter des habitudes de vie saines dès leur plus jeune âge. Des événements scolaires de course, des clubs de course après l'école et des défis inter-écoles pourraient devenir des moyens efficaces de stimuler l'engagement des jeunes envers l'activité physique, tout en favorisant un esprit de camaraderie et de compétition saine.

En matière de compétition, nous pourrions assister à une transformation dans les formats de course. Les épreuves traditionnelles telles que les marathons, les semi-marathons et les courses sur piste continueront d'attirer des coureurs, mais de nouveaux formats innovants pourraient émerger. Par exemple, des courses à obstacles, des défis de vitesse ou des événements de course par équipe pourraient gagner en popularité.

Ces formats non conventionnels pourraient ajouter une dimension ludique à la course, attirant des participants qui recherchent une expérience plus variée et stimulante.

La montée en puissance des influenceurs et des athlètes de renom sur les réseaux sociaux continuera également d'avoir un impact significatif sur la manière dont les gens s'engagent dans la course. Ces personnalités peuvent inspirer des millions de personnes à se lancer dans la course, partager des conseils d'entraînement, des recettes nutritives et des récits de réussite. À mesure que la communauté de la course grandit en ligne, les événements virtuels et les défis partagés sur les réseaux sociaux encourageront davantage de personnes à participer et à partager leur parcours.

L'internationalisation de la course est un autre aspect à prendre en compte. Au fur et à mesure que la popularité de la course continue de croître dans le monde entier, nous pourrions voir émerger de nouveaux événements de course dans des pays moins traditionnels. Cela offrira des opportunités aux coureurs d'explorer de nouvelles cultures tout en pratiquant leur passion. Les échanges entre coureurs de différents pays pourraient renforcer les liens internationaux et promouvoir un esprit de communauté globale, favorisant des événements multiculturels qui célèbrent la diversité des styles de course.

Les recherches sur les bienfaits de la course pourraient également ouvrir de nouvelles perspectives. La science continue de démontrer les effets positifs de la course sur la santé physique et mentale, ce qui pourrait renforcer l'intérêt pour la pratique de la course à un niveau plus large. Des études sur la prévention des blessures, l'amélioration de la performance et les effets psychologiques de l'exercice pourraient encourager de nouvelles approches d'entraînement et d'évaluation des performances. À mesure que nous en apprendrons davantage sur les mécanismes biologiques et psychologiques de la course, cela influencera la manière dont les coureurs s'entraînent et se préparent.

Enfin, l'avenir de la course sera inévitablement marqué par des enjeux sociaux et politiques. À mesure que la société évolue, les coureurs et les organisateurs d'événements seront appelés à se positionner sur des questions sociétales, telles que l'égalité des droits, la justice et la santé publique.

Les événements de course pourront devenir des plateformes pour défendre des causes importantes, mobilisant des ressources pour des organisations caritatives et des mouvements sociaux.

En ce sens, la course pourrait transcender le simple aspect sportif pour devenir un vecteur de changement et d'engagement communautaire. Dans l'ensemble, la vision d'avenir de la course dans les décennies à venir est prometteuse et pleine de possibilités. Avec l'intégration continue de la technologie, l'engagement croissant en faveur de la durabilité et l'accent mis sur l'inclusivité et le bien-être, la course s'affirmera comme une activité accessible et enrichissante pour tous.

Qu'il s'agisse de courir pour la santé, de participer à des événements communautaires ou de se mesurer à soi-même, la course continuera d'être un puissant catalyseur de connexion, de dépassement de soi et de célébration de la vie.

Epilogue.

Ce soir-là, le cinéma semblait être un refuge. Une bulle suspendue dans le tumulte du quotidien, un instant privilégié où le monde extérieur se dissolvait dans l'obscurité de la salle. Ma fille et moi avions choisi ce moment, ce film, pour nous évader ensemble, pour partager une parenthèse de légèreté, loin des obligations et des inquiétudes. Elle me tendit le sac de pop-corn avec un sourire malicieux, et je ressentis cette chaleur familière, ce bonheur simple d'être là avec elle, sans penser à rien d'autre.

Mais alors que les premières images s'animaient à l'écran, une vibration discrète me ramena brusquement à la réalité. Mon téléphone. D'ordinaire, je l'aurais ignoré, préférant savourer cette rare complicité avec ma fille. Pourtant, quelque chose dans cette vibration, dans son insistance feutrée, éveilla une étrange sensation en moi. Une intuition, une alerte silencieuse.

D'un geste presque machinal, je glissai la main dans ma poche et jetai un regard furtif sur l'écran : appel manqué de Romain. Mon fils.

Ce simple nom fit naître en moi une inquiétude sourde. Romain n'était pas du genre à appeler sans raison. À cette heure, il aurait dû être à la préparation de son entraînement ou déjà en train de courir. Pourquoi cherchait-il à me joindre ?

Ma fille capta mon trouble. Son regard se fit interrogateur, mais elle ne dit rien. L'instinct me dicta de rappeler immédiatement. Je me levai en m'excusant auprès d'elle, effleurant sa main en guise de promesse silencieuse que je reviendrais vite. Sortant de la salle obscure, je fus momentanément ébloui par la lumière vive du hall du cinéma.

Je composai le numéro de mon fils, le cœur battant.

La sonnerie retentit à peine avant qu'une voix féminine ne réponde :

« Bonjour, Monsieur, êtes-vous bien le père de Romain ?»

Ce ton professionnel, cette distance contrôlée, firent monter en moi une angoisse brutale.

— Oui, c'est moi. Que se passe-t-il ?

Une pause. Une inspiration mesurée. Puis, d'une voix posée, elle déclara :

— Votre fils a eu un accident. Son pronostic vital n'est pas engagé, mais il a été pris en charge par les secours. Il est conscient et stabilisé, mais nous pensons qu'il serait préférable que vous veniez immédiatement

Ces mots percutèrent mon esprit comme une vague glaciale. « Accident », « pronostic vital », « pris en charge ».

Ces termes tournaient en boucle dans ma tête sans que je ne parvienne à les assembler en un tableau compréhensible.

« Mon fils était blessé. Comment ? Où ? À quel point ? »

Sans réfléchir, je coupai la communication et courus vers la sortie, mes clés serrées dans une main tremblante. Je me précipitai vers ma voiture et démarrai en trombe. Tout en moi semblait figé, comme si mon sang avait cessé de circuler, me laissant engourdi, paralysé par l'angoisse.

Chaque feu rouge, chaque ralentissement me semblait une éternité. En chemin, nous sommes passés par l'endroit de l'accident. Instinctivement, nous nous sommes arrêtés. Sur le bas-côté, abandonné parmi les herbes couchées, gisait le vélo de Romain, brisé en deux. La vision de ce cadre tordu, de ces roues disloquées, nous frappa de plein fouet.

À mes côtés, ma fille s'effondra, secouée de sanglots, prenant soudainement conscience de la violence du choc qu'avait dû subir son frère. L'horreur de la situation s'imposa à nous avec une brutalité implacable.

Je repris le volant, la gorge nouée, et poursuivis la route vers l'hôpital, mon esprit jonglant entre peur et espoir, tentant désespérément d'imaginer un scénario où tout cela n'était qu'un simple incident sans conséquence.

Enfin arrivé, je me précipitai à l'accueil, où une infirmière m'orienta vers la salle d'attente. Les minutes s'étirèrent en une éternité pesante avant qu'un médecin ne vienne à ma rencontre.

« Votre fils est un miraculé », déclara-t-il enfin.

Un miraculé. Mais pas indemne.

Romain avait une fracture de la clavicule, des contusions multiples et une douleur physique bien réelle. Pourtant, ce qui m'inquiétait davantage était l'ombre qui voilait son regard lorsque je le vis enfin.

Il savait. Il savait que courir ne serait plus une évidence pendant longtemps. Son rêve d'athlète semblait s'éloigner, et avec lui, tout ce pour quoi il s'était battu.

Les jours suivants furent marqués par un silence pesant. Romain s'enferma dans une spirale de frustration, luttant contre une colère sourde dirigée contre lui-même, contre son corps, contre cet accident qui lui volait son élan. Il refusait d'accepter cette nouvelle réalité. L'inaction le rongeait. Il passait des heures à fixer le plafond, perdu dans des pensées sombres. Chaque fois que je tentais d'engager la conversation, il détournait le regard, muré dans son désarroi.

Un jour, alors que je lui parlais de sportifs ayant surmonté de graves blessures, il me répondit avec amertume :

« Ce n'est pas pareil. Ils avaient peut-être la force mentale que je n'ai pas… »

Ces mots me frappèrent en plein cœur. Mon fils, autrefois si déterminé, doutait désormais de lui-même. Il avait peur. Peur de ne jamais retrouver son niveau, peur d'être condamné à regarder les autres courir sans pouvoir les rejoindre.

Puis, un matin, un infime changement.

« Papa… j'aimerais sortir. Juste marcher un peu ».

Ce fut le premier pas.

D'abord une simple promenade, hésitante et maladroite. Puis quelques mètres de plus chaque jour, malgré la douleur, malgré la lassitude. Romain refusait de se laisser abattre. Peu à peu, il réapprit à écouter son corps, à apprivoiser ses limites pour mieux les repousser.

Ce qui avait commencé comme une contrainte devint une nouvelle quête. Son accident ne serait pas une fin, mais un point de départ.

Les moteurs de sa résilience ? La rage de ne pas abandonner son rêve. L'envie de prouver qu'il était plus fort que ce que son propre esprit voulait lui faire croire. Mais surtout, le besoin de se sentir vivant à nouveau. L'entraînement devint sa thérapie, chaque douleur une preuve qu'il avançait.

Il se nourrissait de récits d'athlètes ayant surmonté l'adversité, de ces héros silencieux qui avaient transformé leurs blessures en force.

Avec une détermination féroce, il reprit l'entraînement. D'abord doucement, puis avec une intensité croissante. Chaque séance était un combat.

Chaque douleur, un défi à surmonter. Il reconstruisait non seulement son corps, mais aussi son mental, plus fort, plus résilient.

Les mois passèrent et, six mois après son accident, il parvint tout juste à réaliser les minimas pour le Championnat de France de 10 km sur route. Sa persévérance porta ses fruits. Il reprit la compétition et, peu à peu, gravit les échelons, jusqu'à devenir le meilleur coureur de son département. Sa victoire ne se mesurait pas uniquement en trophées, mais dans cette résilience qu'il avait forgée au fil des épreuves.

Aujourd'hui, son histoire est un exemple. Une preuve que les plus grands obstacles ne sont pas physiques, mais mentaux. Que la vraie course n'est pas contre les autres, mais contre soi-même.

Et moi, en tant que père, j'ai appris une leçon précieuse à ses côtés : tomber n'est pas une fin. Se relever, voilà ce qui fait la véritable victoire.

Romain a raconté son histoire dans une courte vidéo, le QR code ci-dessous est un lien vers cette présentation.